AF248035

R
946

201

3001/

66
1903

SCIENCE ET RELIGION

Études pour le temps présent

Série Historique

publiée sous les auspices de la Société Bibliographique

ORIGINES DE LA VIE RELIGIEUSE

LES MOINES DE L'AFRIQUE ROMAINE

(IVᵉ ET Vᵉ SIÈCLE)

PAR

DOM BESSE

Bénédictin de l'abbaye de Ligugé

TOME PREMIER

DEUXIÈME ÉDITION

PARIS

LIBRAIRIE BLOUD & Cⁱᵉ

4, RUE MADAME ET RUE DE RENNES, 59

1903

Tous droits réservés

SOCIÉTÉ BIBLIOGRAPHIQUE

ET DES PUBLICATIONS POPULAIRES
5, rue Saint-Simon, Paris, VII⁰

But de la Société. - - La Société Bibliographique a pour but réunir tous les hommes d'intelligence et de cœur, désireux de mettre commun leurs efforts au service de la Religion et de la Science.

A cet effet, elle favorise la création de *bibliothèques*, de *cabinets lecture, la publication d'ouvrages pour les classes dirigeantes et pou les classes populaires, ouvie des conférences scientifiques, littéraires sociales*; elle signale tous les mois, dans le **Polybiblion** (*Revue bibli graphique universelle*), les ouvrages parus en France et à l'Etrange enfin elle envoie *gratuitement* à tous ses membres son **Bulletin mensue** qui contient une *bibliographie de livres approuvés et destinés à la créatic de bibliothèques populaires catholiques.*

Avantages réservés aux Sociétaires. — 1⁰ Au point de vu moral : les Sociétaires contribuent à la conservation de la Foi.

2⁰ **Au point de vue intellectuel :** *Renseignements bibliographiques; prêts de revues de la Bibliothèque de la Société;* droit aux prêts de bibliothèques renouvelables (*demander les notices spéciales*).

3⁰ **Au point de vue matériel :** la Société assure à ses membres des avantages tels qu'ils rentrent, et au-delà, dans le montan de leur cotisation.

Ses Ressources. — Elles se composent r 1⁰ de la cotisation de tou ses membres associés-correspondants, laquelle est de 10 fr. par an ; on peut s'en exonérer moyennant le versement d'une somm de 150 fr. une fois payée.

2⁰ Des apports des membres titulaires, qui sont de la somme d 100 fr. *cu moins* une fois payée. (Ce versement n'exempte pas d la cotisation annuelle de 10 fr., mais il donne droit à être éligibl comme membre du Conseil de la Société).

3⁰ **Des dons extraordinaires qui lui sont faits.**

Résultats obtenus. — La Société Bibliographique est arrivée à inscrir sur ses listes plus de *neuf mille cinq cents sociétaires*; chaque année el tait de nombreux envois de livres pour bibliothèques catholiques et po distributions de prix aux enfants de nos écoles libres.

Pour plus amples renseignements, s'adresser directement à . *ociété, 5, rue Saint Simon.*

SCIENCE ET RELIGION

Etudes pour le temps présent. -- Prix : 0 fr. 60 le vol.

L'Autorité humaine des Livres saints, par le P. Méchineau, S. J. 1 vol.
Qu'est-ce que le miracle ? -- *Analyse de sa notion. Ses éléments cons-*
   titutifs, par l'abbé E. Coste.   1 vol.
Les trois Formes du Surnaturel. *Le Miracle, la Révélation et la*
   Grâce, par Pierre Vallet, P. S. S.   1 vol.
Du même auteur : Dieu principe de la loi morale.   1 vol.
La Bible depuis son origine jusqu'à nos jours, par M. l'abbé Chau-
   vin 2 vol. se vendant séparément.
   I. *La Bible chez les Juifs.*   1 vol.
   II. *La Bible dans l'Eglise catholique.*   1 vol.
Etudes sur l'origine de la Société, par le R. P. Montagne, des Frères-
   Prêcheurs. 3 vol. se vendant séparément.
   I. *La Théorie du Contrat social.*   1 vol.
   II. *La Théorie de l'Organisme social, d'après l'Ecole naturaliste.* 1 vol.
   III. *La Théorie de l'être social, d'après saint Thomas d'Aquin*   1 vol.
Le Problème de la Souffrance humaine. -- *Pourquoi souffrir ?*
   Triple réponse chrétienne, par le P. Bader, de l'Oratoire.   1 vol.
Le Matérialisme et la Nature de l'Homme, par M. l'abbé O. Contes-
   tin, chanoine titulaire de Nîmes.   1 vol.
Le Mouvement religieux en Angleterre au XIXᵉ siècle, par le
   R. P. Ragey, Mariste. 3 vol. se vendant séparément.
   I. *L'Anglicanisme.*   1 vol.
   II. *Le Ritualisme.*   1 vol.
   III. *Le Catholicisme en Angleterre.*   1 vol.
La Liberté d'Enseignement. *Aperçu historique*, par M. l'abbé Lau-
   rent.   1 vol.
Rivalités scientifiques ou la Science catholique et la prétendue
   Impartialité des Historiens, par le R. P. Th. Ortolan, 3 vol. se
   vendant séparément.
   I. *La Manie du Dénigrement.*   1 vol.
   II. *Les Fausses réputations.*   1 vol.
   III. *Les Oubliés.*   1 vol.
L'Occultisme contemporain. -- *Ses doctrines et ses divers systèmes*,
   par Charles Godard.   1 vol
Evolution, Progrès, Liberté, par P. Vallet.   1 vol.
Les Qualités de l'Educateur, par J. Guibert, P. S. S.   1 vol.
La Bible et les Théories scientifiques, par M. l'abbé B. Colomer 1 vol.
L'Origine apostolique du Nouveau Testament, par le P. Lucien Mé-
   chineau, S. J.   1 vol.
Hasard ou Providence. *Le Problème des Causes finales*, par le
   R. P. J.-D. Folghera, des Frères-Prêcheurs.   1 vol.
La Conservation de l'Energie et la Liberté morale, par le
   R. P. le Munnynck, O. P.   1 vol.
Le Péché originel dans Adam et ses descendants. *Exposé apologé-*
   tique, par le R. P. Le Bachelet, S. J.   2 vol.
Le Monde Juif au temps de Jésus-Christ et des Apôtres, par
   l'abbé Beurlier.   2 vol.
Le Dogme chrétien dans la Religion juive, par A.-F. Saubin 1 vol.

Le Régime corporatif et l'Organisation du Travail, par le R. P. G. DE PASCAL. 2 vol. se vendant séparément.
I. *Le Passé.* 1 vol.
II. *L'Avenir.* 1 vol.
Le Dogme de l'Eucharistie, *essai d'explication*, par le P. LERAY, prêtre eudiste. 1 vol.
Les Raisons de ma croyance, par le cardinal MANNING, archevêque de Westminster, traduit de l'anglais par l'abbé E. Peltier. 2 vol.
Le Monde des Esprits. — Anges et Démons, par le R. P. DOM MARÉCHAUX 1 vol.
Le Mouvement féministe. *Ses causes — Son avenir - - Solution chrétienne*, par la comtesse Marie DE VILLERMONT. 2 vol.
Le Brahmanisme, par Ch. GODARD. 1 vol.
Du même auteur : Le Fakirisme, *les Fakirs et leurs prestiges.* 1 vol.
L'Eglise grecque-orthodoxe et l'Union, par le P. Fr. TOURNEBIZE, S. J. 2 vol.
Analogies de la Science et de la Religion, par Pierre COUBBER 2 vol.
L'Education supérieure des Femmes, par Mgr SPLADING, évêque de Peoria; traduit de l'anglais par M. l'abbé Félix Klein. 1 vol.
Le Beau dans les Œuvres littéraires, par M. l'abbé GABORIT, archiprêtre de la cathédrale de Nantes. 1 vol.
L'Eglise et le Droit des Gens, par le R. P. G. DE PASCAL. 1 vol.
L'Enfance du Christ d'après les Traditions juives et chrétiennes, par M. l'abbé C. CHAUVIN. 1 vol.
Du même auteur : Le Purgatoire, s'il existe, et ce qu'il est. 1 vol.
Le Repos dominical, *Bonheur de l'Individu, de la Famille et de la Société*, par le P. François TOURNEBIZE, S. J. 1 vol.
Les Miracles de l'Evangile, par P. VALLET, P. S. S. 2 vol.
Histoire et légende de la Congrégation (1801-1830), par J. M. VILLEFRANCHE. 1 vol.
Pour et contre l'Évolution, ou *Étude sur l'origine des Espèces*, par l'abbé LEROY, ancien Directeur au Grand Séminaire de Séez, 2 vol.
L'Origine mosaïque du Pentateuque, par le P. Lucien MÉCHINEAU, S. J. 1 vol.
L'Homme-animal et L'Homme social, *d'après l'école matérialiste*, par C. de KIRWAN. 1 vol.
La Révocation de l'Édit de Nantes, ses causes et ses conséquences, par L. DIDIER, Agrégé de l'Université. 1 vol.
Les Doctrines sociales catholiques en France, *depuis la Révolution jusqu'à nos jours*, par VICTOR DE CLERCQ, avocat à la Cour d'Appel de Paris. Avant-propos par Georges GOYAU. — Première partie : *Les Précurseurs.* — Deuxième partie : *Les Contemporains.* 2 vol.
La Femme chrétienne au temps des persécutions, son influence et son rôle. *Étude historique*, par le P. BADER, de l'Oratoire. 1 vol.
La Providence. — *Conservation des êtres créés.* - - *Gouvernement du monde.* — *Répartition des biens et des maux*, par G. CONTESTIN, chanoine titulaire de Nîmes. 1 vol.
Théorie de l'Education, par L. LABERTHONNIÈRE, de l'Oratoire, Supérieur du Collège de Juilly. 1 vol.

Demander la liste complète *des volumes* Science et Religion *parus à ce jour.*

SAINT-AMAND, CHER. — IMPRIMERIE BUSSIÈRE

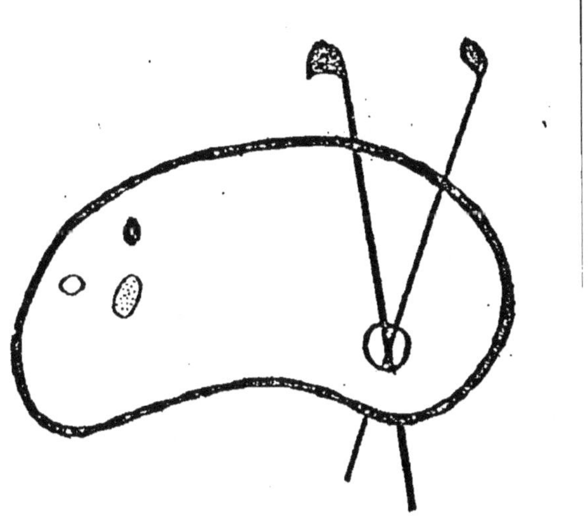

FIN D'UNE SERIE DE DOCUMENTS
EN COULEUR

SCIENCE ET RELIGION
Études pour le temps présent
SÉRIE HISTORIQUE
publiée sous les auspices de la Société Bibliographique

ORIGINES DE LA VIE RELIGIEUSE

LES MOINES
DE L'AFRIQUE ROMAINE

(IVe ET Ve SIÈCLE)

PAR

DOM BESSE

Bénédictin de l'abbaye de Ligugé

TOME PREMIER

PARIS

LIBRAIRIE B. BLOUD

4, RUE MADAME ET RUE DE RENNES, 59

1903

Tous droits réservés.

Imprimi potest

Fr. Josephus Bourigaud

Abba sancti Martini de Locogiaco

Permis d'imprimer

Paris, le 15 mai 1902.

H. Odelin

v. g.

INTRODUCTION

Ceux qui étudient les origines de la vie religieuse constatent que les législateurs monastiques du monde entier ont puisé à deux sources principales : l'Orient et l'Afrique romaine. Je renvoie pour l'Orient au travail publié il y a trois ans (1). Une étude, parue dans la *Revue du monde catholique*, avait précédemment montré tout le parti que l'on pourrait tirer des œuvres de saint Augustin pour bien établir son rôle dans la formation et le développement du monachisme africain. C'est ce travail que je publie de nouveau. Le lecteur verra, en le parcourant, ce que les moines d'Occident ont emprunté à leurs précurseurs de l'Afrique romaine.

(1) *Les Moines d'Orient*, par le R. P. Dom Besse, in-8, Paris, Oudin.

LES MOINES

DE L'AFRIQUE ROMAINE

(IVe-Ve SIÈCLE)

CHAPITRE PREMIER

SAINT AUGUSTIN FUT-IL MOINE ?

Ses aspirations à la vie religieuse avant et après son baptême. Le monastère de Tagaste. Prosélytisme monastique d'Augustin.

Afin de concilier à la vie monastique toutes les sympathies du peuple chrétien, la Providence a choisi, pour la propager, des hommes d'une éminente sainteté. Ce furent, en effet, les travaux et les exemples de saint Antoine le Grand, de saint Hilarion, de saint Basile, de saint Martin, qui contribuèrent le plus efficacement à sa rapide diffusion en Égypte, en Palestine, en Cappadoce, en Gaule. L'Afrique, elle, reçut ce bienfait de son incomparable docteur, saint Augustin.

Augustin ne fut pas seulement le protecteur et
l'ami des moines, il fut moine (1) lui-même, comme
l'était saint Jérôme, comme l'avaient été les Basile,
les Grégoire de Nazianze et les Jean Chrysostome,
comme le fut plus tard Grégoire le Grand. De ces
huit grands docteurs, qui ont répandu sur les Églises
d'Orient et d'Occident la lumière de leur doctrine et
l'éclat de leurs vertus, six ont appartenu à l'état
monastique. Et rien ne pouvait faire ressortir avec
plus d'évidence sa grandeur et son utilité, ni mieux
faire présager l'importance du rôle que lui réservait
l'avenir.

La vocation religieuse d'Augustin est intimement
unie à l'histoire de sa conversion. Sa mère était venue

(1) Les Ermites de Saint-Augustin et les Chanoines réguliers ont
longtemps débattu la question du monachat de l'évêque d'Hippone. Les premiers se sont prononcés toujours pour l'affirmative,
tandis que les autres soutenaient la négative. Les nombreux ouvrages écrits au cours de cette polémique (on peut en trouver la
liste dans HÉLYOT, *Hist. des Ordres Monast.*, t. I, préf., XLV, et
ULYSSE CHEVALIER, *Répertoire des Sources hist. du Moyen Age*,
topo-bibliographie, art. *Augustins*, col. 257, et *Chanoines*, col. 650)
pourront fournir à l'histoire littéraire des pages fort curieuses,
mais ils ne sont d'aucune utilité pour l'éclaircissement de ce point
d'histoire. Ermites et Chanoines s'évertuaient à transporter en plein
IVe siècle des institutions qui ne franchissaient pas les limites du
Moyen Age.

Il est impossible, en effet, de trouver à cette époque une dis-
tribution des religieux en catégories plus ou moins arbitraires. Il
n'y avait alors ni chanoines réguliers, ni clercs réguliers, mais
tout simplement des religieux, des moines. Le vocabulaire chrétien avait à sa disposition des termes variés pour les désigner.
Qu'ils soient nommés *servi Dei, continentes, milites Christi*, ils
sont et ils restent des moines. Il suffit, pour s'entendre, de laisser aux mots leur sens naturel.

depuis peu le rejoindre à Milan, où il inaugurait, avec saint Ambroise, ces relations filiales qui devaient le conduire à la grâce du baptême, lorsqu'il ressentit dans son cœur un attrait mystérieux qui le portait à quitter le monde et ses soucis pour embrasser une vie paisible et solitaire.

Quelques-uns de ses amis et de ses disciples partageaient son désir. Ils formèrent ensemble le projet de se retirer dans une campagne, où ils occuperaient la même maison, mangeraient à la même table, mettraient en commun toutes les ressources dont ils disposaient, de telle sorte que tout serait à tous et à chacun ; on choisirait tous les ans deux confrères qui administreraient les biens de la communauté, tandis que les autres pourraient s'abandonner librement aux joies de l'étude et à l'amour de la vérité. Ils étaient au nombre de neuf. L'un des plus empressés était Romanianus, qui avait jadis pourvu généreusement aux frais de l'éducation d'Augustin, son compatriote. Il appartenait à l'une des premières familles de Tagaste, et il disposait d'une fortune considérable (1). Grâce à lui, rien ne manquerait aux futurs solitaires. Mais ce rêve caressé avec tant d'amour se termina par une amère déception. La plupart de ces hommes étaient mariés ; d'autres, et parmi eux Augustin, songeaient à prendre femme. Or, leurs épouses consentiraient-

(1) Saint Augustin lui dédia plus tard ses livres *Contra Academicos* et *De Vera Religione*, Cf. Tillemont, *Mémoires pour servir à l'histoire ecclésiastique des six premiers siècles*, t. XIII, p. 90 et s, ; *Acta Sanctorum*, t. VI *Julii*, p. 220, édition 1753. *Augustini Confessionum*, lib. VI, c. 14. P. L., xxxii, col. 131. Cf. Tillemont, *ibid.* 66-67.

elles à ce genre de vie, ou au moins leur donneraient-elles la liberté de quitter ainsi le foyer commun? Tout faisait craindre une réponse négative. Force leur fut donc de renoncer à ce projet.

On ne saurait, à la vérité, voir une aspiration vers la vie monastique dans ce désir d'hommes sages et instruits, ne cherchant qu'à s'affranchir des préoccupations matérielles et des ennuis d'une existence mondaine pour suivre plus à leur aise de nobles attraits. Mais ces sentiments trahissent un besoin qui se développera avec le temps et sous l'action des horizons nouveaux que la foi ouvrira devant leurs yeux. La grâce saura les entretenir et ménager des circonstances qui contribueront à éclairer ces esprits, à modifier leurs vues et à leur donner un caractère plus pratique.

Elles ne devaient pas tarder à se présenter. Augustin et son inséparable ami, Alypius, reçurent, un jour, la visite de l'Africain Pontitianus, qui remplissait une fonction importante à la cour impériale. C'était un fervent chrétien. Il se mit à leur parler de saint Antoine et des merveilles qu'il accomplissait dans les déserts d'Egypte. Puis, la conversation passa aux monastères et à leurs heureux habitants. Il y en avait en Italie, à Rome; il y en avait même aux portes de Milan. Et Augustin, si instruit sur toutes choses, ne soupçonnait pas leur existence. Il y en avait dans les Gaules et jusque sous les murs de Trèves. Pontitianus avait pu contempler de ses propres yeux la sainte vie de ces serviteurs du Christ. Il fut même témoin de la conversion soudaine de deux officiers de ses amis, qui abandonnèrent leurs familles et un brillant avenir pour aller s'enfermer dans un de ces pieux asiles (1).

C'était une révélation pour Augustin. L'image d'Antoine hantait son esprit et son cœur. Il pensait souvent à ces officiers qui avaient eu le courage de tout quitter et de suivre le Seigneur. Pourquoi n'en ferait-il pas autant? On devine sans peine quelle influence tout cela exerçait sur son âme.

Le nouveau converti passa quelques semaines délicieuses dans la villa de Cassiacum, que lui avait offerte son ami Verecundus. Il put y savourer à loisir les charmes de la solitude, en la compagnie de sa mère et de quelques disciples, et se préparer au baptême, qu'il reçut des mains d'Ambroise, pendant les solennités pascales de l'année 387.

Désormais, le fils de Monique ne songea plus ni au monde, ni aux honneurs, ni au mariage. Toute son ambition était de servir Dieu et de s'enrôler dans cette milice à laquelle s'adresse le Seigneur, lorsqu'il dit : « *Nolite timere, pusillus grex, quoniam complacuit Patri vestro dare vobis regnum. Vendite quæ possidetis et date eleemosynam; facite vobis sacculos non veterascentes, thesaurum non deficientem in cælis* (2). » Et : « *Si vis perfectus esse, vende omnia quæ habes et da pauperibus, et habebis thesaurum in cælis, et veni, sequere me* (3). » Il goûtait les premières joies du service divin avec son heureuse mère, en la compagnie d'Adéodat, son fils, et d'Alypius, baptisés en même temps que lui, lorsque Dieu, « qui se plaît à réunir

(1) *Confess.*, l. VIII, c. 6. P. L., xxxii, 755-756.
(2) Luc., xii, 32.
(3) Matth, xix, 21. P. L., xxxii, col. 35-36.

ceux qui partagent les mêmes sentiments », lui amena
l'un de ses jeunes amis, Evodius, originaire de Tagaste. Celui-ci avait reçu avant Augustin la grâce du
baptême et renoncé à la milice du siècle pour s'enrôler dans celle du Seigneur. Comme ils ne pouvaient
songer à fixer leur séjour à Milan, ils durent se préoc-
cuper de trouver un lieu où il leur serait facile de
servir le Seigneur. Leur choix se porta naturellement
sur l'Afrique, leur patrie. Sans plus tarder, ils prirent
le chemin de Rome, afin de s'embarquer au port
d'Ostie (1). Mais d'Ostie, où sa mère était morte,
Augustin regagna la Ville éternelle.

Il put, durant un séjour de quelques mois, y com-
pléter son instruction ecclésiastique et réunir, sur la
vie religieuse, tout un ensemble de renseignements
qui lui furent dans la suite de la plus grande utilité.
Il avait déjà beaucoup appris à Milan, soit auprès
d'Ambroise et de Simplicianus, soit dans le monastère
que le saint évêque entretenait aux portes de la cité (2).
Le prieur de cette maison était un prêtre aussi recommandable par sa science que par sa vertu. La ferveur
de ses religieux fit sur le pieux néophyte une telle
impression qu'il ne craint pas d'appeler cette demeure
un asile de saints (3).

(1) *Confess.*, l. IX, c. 6-8, col. 769-771.
(2) Ibid., l. VIII, c. 6, col. 735.
(3) *Vidi ego diversorium sanctorum Mediolani, non paucorum
hominum, quibus unus præerat vir optimus et doctissimus.* (Augustinus, *De Moribus Ecclesiæ catholicæ*, c. 33. P. L., xxxii, col 1339.)
Ce qu'il a dit précédemment des moines orientaux ne permet pas
de voir ici autre chose que des religieux. Au cas où le mot *diversorium* ferait naître quelque doute, il suffirait de se rapporter
à ce qu'il dit dans ses Confessions : *Et erat monasterium Medio-*

Il visita les monastères romains, « gouvernés par des hommes qui possédaient à un haut degré la gravité, la prudence et la science des choses de Dieu. La charité chrétienne, la sainteté et la liberté régnaient parmi leurs frères. Personne ne voulait être à charge à autrui ; mais, conformément aux usages monastiques de l'Orient et aux préceptes de l'apôtre Paul, tous vivaient du travail de leurs mains (1) ». Quelques-uns de ces moines pratiquaient des jeûnes incroyables, passant trois jours et plus sans prendre ni boisson ni aliment (2).

Augustin parle encore des monastères de femmes, où vivaient un grand nombre de vierges et de veuves. « Elles gagnaient leur vie en travaillant la laine et la toile. Leurs supérieures excellaient à les instruire et à les former à la pratique de la vertu (3). »

'Saint Augustin contempla ainsi, de ses propres yeux et sans sortir de l'Italie, la réalisation des merveilles que lui avait racontées Pontitianus. Le souvenir en resta profondément gravé dans son esprit et dans son cœur.

---

lani plenum bonis fratribus, extra urbis mœnia, sub Ambrosio nutritore. (Lib. VIII. c. 6, ibid., col. 755.) Ce qui oblige à voir encore des monastères dans les *diversoria sanctorum* romains, dont il va être question tout à l'heure.

(1) *Romæ etiam plura diversoria sanctorum, seu monasteria cognovi in quibus singuli gravitate atque prudentia et divina scientia præpollentes, cæteris secum habitantibus præsunt, christiana caritate, sanctitate et libertate viventibus.* (Ibid., col. 1340.)

(2) Ibid.

(3) *Neque hoc in viris tantum, sed etiam in feminis, quibus item multis viduis et virginibus simul habitantibus, et lana ac tela victum quæritantibus præsunt singulæ gravissimæ probatissimæque.* (Ibid.)

Lorsqu'il fut de retour à Tagaste, vers la fin de l'année 388, il s'empressa de vendre les champs que lui avait légués son père et il en distribua le prix aux pauvres. Après cet acte de renoncement absolu, son âme pouvait s'abandonner aux douces consolations de la confiance évangélique, car il établissait, par ce moyen, son œuvre et sa vie sur l'indestructible fondement de la foi (1). Il ne vendit point sa maison paternelle, située aux portes de la ville (2). Il s'y installa avec les amis qui l'accompagnaient et la transforma en monastère (3). Augustin, Alypius et Evodius y menèrent « ensemble une vie vraiment monastique (4) », mortifiant leurs corps par les rigueurs du jeûne, consacrant de longues heures à l'oraison et partageant le reste de leurs journées entre la pratique des bonnes œuvres et l'étude de la loi divine (5). Possidius, il est vrai, ne leur donne point le nom de moines. Mais l'expression *Deo servientibus* (6) ou

(1) Possidius, c. II, col. 36.

(2) Aug., ep. 10. P. L., xxxiii, 73.

(3) C'est saint Augustin qui lui donne ce nom : *Veni ad istam civitatem* (Hippone) *propter videndum amicum quem putabam me lucrari posse, ut nobiscum esset in monasterio.* (Serm. 355. P. L., xxxix, col. 1569.) Il s'agit évidemment de Tagaste, puisque le monastère d'Hippone n'était pas encore fondé.

(4) Tillemont, xiii, p. 127.

(5) *Cum iis qui eidem adhærebant, Deo vivebat, jejuniis, orationibus, bonisque operibus, in lege Domini meditans die ac nocte.* (Possidius, ibid.)

(6) *Cum aliis civibus et amicis suis Deo pariter servientibus* (ibid.). Cf. c. x, xi, xiv, col. 37, 42, 45. Saint Augustin appelle la vie monastique *servitutem Dei in qua servi Dei monachi vivunt,* ep. 220. P. L. xxxiii, col. 993. Cf. ep. 145, col. 592 ; ep. 157, col. 692 ; ep. 158, col. 691 ; ep. 159, col. 698 ; ep. 186, col 816 ; ep.

servi Dei dont il se sert pour les désigner équivaut sous sa plume et sous celle de l'évêque d'Hippone à celle de *monachi*. Dieu se plaisait à inonder l'âme d'Augustin, père et chef de cette communauté, des rayons de sa lumière céleste pendant ses méditations prolongées. Il se faisait une joie de la communiquer à ses amis par la parole ou par la plume (1). Ses disciples, présents à ses côtés, étaient les premiers à recueillir ses enseignements. Disposait-il d'un instant, il les voyait se réunir autour de lui et lui soumettre les difficultés que leur présentaient l'étude des Écritures et la méditation des choses célestes, sans négliger les secrets de la philosophie chrétienne. Quelques-unes de ses réponses furent rédigées par lui ou par ses auditeurs. Quand il fut évêque, il les revit soigneusement et les publia sous le titre de *De diversis quæstionibus octoginta tribus* (2). Il continuait ainsi avec ses disciples l'existence d'un intérêt intellectuel si élevé qu'il avait jadis, menée à Cassiacum et dont la vivante image nous est conservée dans ses livres

313, col. 966; ep. 220, col. 293; ep. 60, col. 227; ep. 71, col. 241. Serm. 11, P. L, xxxviii, 198, Enarr. in Ps. 103, xxxvi, c. 1371. Aussi Tillemont traduit-il généralement *servus Dei* par moine. Ce qui autorise à croire que saint Augustin, aussitôt après son baptême, se proposait de mener la vie monastique. Voici comment s'exprime son biographe : *De suscepto ejus proposito serviendi Deo amplius quam de carnis nepotibus exsultante* (Monica)... *Renuntiavit etiam scholasticis quos rhetoricam docebat, ut sibi magistrum alium providerent, eo quod servire Deo ipse decrevisset.* (C. 11, col. 36.)

(1) Possidius, c. 111, col. 36.
(2) Aug., Retractationum, l. I, c. xxvi. P. L., xxxii, col. 261.

Contre les Académiciens et dans ses traités sur la *Vie bienheureuse* et sur l'*Ordre*.

Augustin, qui avançait rapidement dans le chemin de la perfection, aimait de toutes les forces de son cœur le genre de vie qu'il venait d'embrasser. Il cherchait à procurer aux autres le bonheur qui remplissait son âme. Pour cela, il ne manquait aucune occasion de les exhorter à suivre son exemple (1). Sévère, son concitoyen, se rendit l'un des premiers à son appel (2). Il aurait voulu aussi décider Nebridius, à qui l'unissait une affection fraternelle depuis le temps où il avait enseigné la rhétorique dans la capitale de l'Afrique romaine. Mais un devoir impérieux qui retenait cet ami auprès de sa mère ne lui avait pas permis de le suivre à Tagaste. Pour alléger la peine que lui coûtait cette séparation, il l'invitait, par lettre, à se rapprocher de Carthage (3). Mais Augustin pouvait-il abandonner son monastère où tant de liens le retenaient ? « Puisqu'il en est ainsi, lui écrivit-il, confie à ton frère Victor la charge de veiller sur ta mère et sur tes intérêts, et viens nous rejoindre (4). » Cette invitation détermina Nebridius. Malheureu-

---

(1) Id., ep. 157. P. L., xxxiii, col. 692. *Ego qui hæc scribo, perfectionem de qua Dominus locutus est... vehementer adamavi, et non meis viribus sed gratia ipsius adjuvante, sic feci... Quantum autem in hac perfectionis via profecerim, magis quidem novi ego quam quisquam alius homo, sed magis Deus quam ego. Et ad hoc propositum quantis possum viribus alios exhortor in nomine Domini habeo consortes quibus hoc per ministerium meum persuasum est.*

(2) Cf. Tillemont, 127.

(3) Lettre de Nebridius à Augustin. P. L., xxxiii, col. 67.

(4) Aug., ep. x, ibid., col. 74.

sement, une mort prématurée vint le surprendre au moment où il se disposait à partir (1).

Possidius ne nous dit point le nombre des disciples que saint Augustin réunit dans sa maison. Mais, en échange, il nous apprend que trois années après son retour d'Italie, il se préoccupait déjà de fonder un nouveau monastère. Il ne savait trop en quel lieu l'établir. Il craignait de s'approcher des villes que la mort avait privées de leur évêque. Le renom que lui avaient mérité sa doctrine et sa vertu n'aurait pas manqué d'attirer sur sa personne les suffrages du peuple et du clergé. Il le savait, et c'en était assez pour qu'il évitât d'y entrer (2).

Une circonstance providentielle vint à son aide. Un fervent chrétien de ses amis, qui occupait à Hippone une situation honorable, désirait marcher sur ses traces. Mais son caractère indécis l'avait empêché jusque-là de mettre son projet à exécution. Il lui fit dire que s'il pouvait l'entretenir, il se déciderait à briser les liens qui le retenaient. Augustin partit donc pour Hippone, où il eut de fréquents entretiens avec son ami, sans réussir toutefois à vaincre ses hésitations (3).

Cette Église était alors gouvernée par un saint vieillard nommé Valerius. Son grand âge rendait encore plus lourd le ministère écrasant qui pesait sur ses épaules. Il lui fallait absolument trouver un prêtre intelligent et dévoué qui fût pour lui un véritable auxiliaire. Pourrait-il jamais rencontrer mieux qu'Au-

(1) Tillemont, p. 134.
(2) Aug., sermo 355. P. L., xxxix, col. 1569.
(3) Possidius, c, iii, col. 36.

gustin? Les fidèles comprenaient sa situation et son désir. Ils ne demandèrent pas mieux que de s'attacher un homme de ce mérite. Au moment où l'humble religieux s'y attendait le moins, des chrétiens décidés s'emparèrent de sa personne, le présentèrent à l'évêque, réclamant tous avec instance et à grands cris qu'il lui imposât les mains. Augustin, surpris et troublé, versait des torrents de larmes. « Il est certain que vous méritez de plus grands honneurs, lui disaient quelques-uns des assistants, mais consolez-vous, il n'est pas de dignité plus rapprochée de l'épiscopat que le sacerdoce. » Étrange consolation pour l'humilité d'un saint qu'effrayait la responsabilité de la dignité sacerdotale (391) (1).

Avant lui, beaucoup de moines avaient rempli les fonctions qu'impose le sacerdoce catholique. Leurs exemples montraient qu'elles pouvaient parfaitement s'accorder avec les obligations de la vie religieuse. Saint Augustin s'inclina donc devant la volonté du Seigneur, manifestée par l'évêque d'Hippone, mais sans renoncer à sa profession antérieure.

L'autorité dont il se voyait revêtu lui permit de travailler avec plus de succès à l'extension du monachisme. Valerius, de son côté, comprenant les avantages que lui offrirait la présence d'un monastère, le seconda par tous les moyens en son pouvoir. Il y avait alors auprès de la cité un jardin fertile appartenant à l'église ; sa situation convenait fort bien à l'établissement d'une communauté monastique. L'évêque l'abandonna volontiers à son nouveau

____

(1) Possidius, c. iv, col. 37.

prêtre, qui s'empressa d'y bâtir son monastère et d'y réunir des hommes disposés à pratiquer les vertus religieuses et à devenir ses frères et ses fils (1).

Son inséparable ami, Alypius, l'y rejoignit bientôt ; déjà il pouvait être le modèle de tous ceux qui désiraient se soustraire aux sollicitudes du monde pour servir Dieu dans la paix du renoncement (2). Il reçut également Evodius (3), Possidius, son futur biographe, qui était entré en relations intimes avec lui quarante années avant sa mort (4), Profuturus, un autre Profuturus, Privatus et Servilius (5), dont Evodius raconte la mort, survenue avant son élévation à la dignité épiscopale (6), Parthenius, que le saint appelle son frère et son compagnon au service de Dieu (7). Tillemont nomme encore Urbanus, Peregrinus, Boniface, Fortunat, et enfin un moine du nom de Privatus dont il est question dans une lettre à Olympius (8). Mais la profession monastique de plusieurs ne paraît pas suffisamment établie. En tout cas, il est difficile de savoir s'ils appartiennent à ce premier monastère d'Hippone, ou à celui qui fut fondé plus tard dans la maison épiscopale (9).

(1) Aug., sermo 355, xxxiv, col. 1570. Possidius, c. v, col. 37.

(2) Aug., ep. 22. P. L., xxxiii, col. 90.

(3) Cf. ep. 158, ib., col. 698 ; ep. 162, col. 793. Tillemont, col. 212.

(4) Possidius, c. xxxi. P. L. xxxii, p. 65 et préface, col. 35.

(5) Aug., ep. 38. P. L., xxxiii, col. 111.

(6) Aug., ep. 158. P. L., xiii, col. 697.

(7) Ep. 22, col. 94.

(8) Aug., ep. 83. P. L., ibid., col. 293. Cf. Tillemont, xiii, 154-155. *Vita Augustini* par les Bénédictins, l. III, c. v, n. 2. P. L., xxxii, col 176.

(9) Possidius. c. ii, col. 42.

CHAPITRE II

LES MOINES ET LE CLERGÉ

Le monastère d'Hippone. Les évêques et les moines. Saint Augustin, évêque d'Hippone. Le monastère épiscopal. Un mauvais moine.

L'évêque Valerius ne perdait pas de vue le monastère fondé par Augustin. Son développement, et surtout les progrès des cœurs et des intelligences sous la direction d'un pareil maître, faisaient le bonheur de ses vieux jours. Ces hommes, ainsi préparés par une vie sainte et studieuse, lui semblèrent dignes de la cléricature, et ce fut parmi eux qu'il choisit de préférence les prêtres, les diacres et les sous-diacres dont son Eglise pouvait avoir besoin (1).

Les services qu'ils rendirent fixèrent bientôt sur eux l'attention des fidèles. A Hippone et ailleurs, c'était à qui louerait le plus la vie de ces serviteurs de Dieu, célébrerait leur chasteté et leur renoncement absolu aux biens de la terre (2). Diverses Eglises ne

(1) *Proficiente porro doctrina divina, sub sancto et cum sancto Augustino in monasterio Deo servientes, Ecclesiæ Hipponensi clerici ordinari cœperunt.* (Possidius, c. xi, col. 42.)

(2) *Ac deinde innotescente et clarescente de die in diem Eccle*

tardèrent pas à réclamer l'honneur d'être gouvernées par des évêques et un clergé formés à l'école de saint Augustin (1). Ce fut pour le plus grand avantage de la paix et de l'union catholique.

Ces moines, élevés à la cléricature, avaient passé à un état supérieur sans perdre pour cela les prérogatives de la vie religieuse. Car leur nouvelle dignité et les devoirs qu'elle imposait ne détruisaient point leurs premières obligations; elles venaient, en quelque sorte, les consacrer, tandis que celles-ci rehaussaient la sainteté de leur ministère et le rendaient plus recommandable aux yeux des chrétiens. « Il devint évêque, dira, un siècle plus tard, un moine africain en parlant de saint Fulgence, il devint évêque et ne cessa pas d'être moine; il conserva, avec la dignité épiscopale, l'intégrité de sa profession antérieure. Et, en conservant ainsi l'intégrité de sa profession, il ajouta un nouvel ornement à la dignité du pontife (2). »

Le peuple considérait principalement en eux les fonctions sacrées qu'ils avaient à remplir, et, à cause de cela, on les désignait toujours par leur titre clérical sans rien ajouter qui rappelât leur vie religieuse.

siæ catholicæ prædicationis veritate, sanctorumque servorum Dei proposito, continentia et paupertate profunda. (Ibid.)

(1) *Ex monasterio quod per memorabilem virum et esse et crescere cœperat, magno desiderio poscere atque accipere episcopos et clericos pax Ecclesiæ atque unitas et cœpit primo et postea consecuta est.* (Ibid.)

(2) *Nec ita factus est episcopus, ut esse desisteret monachus, sed accepta pontificis dignitate, professionis præteritæ servavit integritatem. Servata vero professionis integritate, plus ornavit pontificis dignitatem.* Vita S. Fulgentii, P. L., LXV, 135-136.

C'était alors une coutume générale qui se conserva plusieurs siècles en Occident (1).

Les moines clercs devaient se dépenser au service de l'Eglise et des âmes. Les uns le faisaient dans l'intérieur de la ville épiscopale et ils continuaient à vivre au milieu de leurs frères, suivant l'exemple que leur donnait saint Augustin. Les autres allaient, sur l'ordre de l'évêque, servir les églises et les populations répandues dans le diocèse. Ce fut le cas d'Honoratus, moine de Tagaste, qui mourut prêtre de Thiave (2).

La cléricature était pour eux tous une charge pénible, surtout quand ils comparaient les devoirs qu'elle entraînait avec le calme dont jouit le simple religieux dans la solitude de son monastère. Mais l'Eglise était en droit de leur demander ce sacrifice, et les moines ne devaient pas plus alors que de nos jours préférer leur repos personnel au travail que leur imposait le service de l'Epouse du christ. Comment s'acquitterait-elle, en effet, de sa mission sanctificatrice, si les hommes vertueux refusaient de lui venir en aide (3) ?

(1) Saint Jérôme, dont la profession religieuse ne soulève aucun doute, est qualifié *presbyter*, non *monachus*. Cassien, parlant du moine Leporius, écrit : *Tunc monachus modo presbyter*. (De Incarnatione, l. I.) Cf. la liste des moines de l'abbé Liberatus : *Bonifacius, diaconus, Servus, subd., Rogatus, monachus*, etc. (Victor de Vite, *De Persecutione Vandalica*, l. V, 1, P. L., LVIII, col. 249) Cf. Garnier, dissert. I. *De primis auctoribus hæresis pelagianæ*. P. L., XLVIII. Lorsque saint Augustin parle des religieux qui vivaient avec lui dans sa maison épiscopale, transformée en monastère, il les nomme seulement *clerici*. Ce titre désigne leur cléricature, mais n'exclut en rien leur caractère religieux.

(2) Aug., ep. 83 ; P. L., XXXIII, col. 291-304.

(3) *Nec vestrum otium necessitatibus Ecclesiæ præponatis, cui*

Malgé la sainte frayeur que lui causaient le sentiment de son indignité personnelle et la perspective d'une responsabilité écrasante, le religieux se rendait humblement à l'appel de Dieu, en ayant soin d'éviter et les empressements de la présomption et les hésitations de la paresse (1). Ceux qui couraient au-devant de la dignité sacerdotale n'inspiraient aux évêques africains qu'une médiocre confiance. Tous les moines, même fidèles à leur règle, ne sont pas en effet capables de remplir saintement les fonctions de la cléricature. Ceux qui n'unissent point aux vertus monastiques une instruction suffisante et les qualités requises deviendront difficilement des clercs irréprochables. C'était la pensée de saint Augustin (2).

Son ami, Aurelius, évêque de Carthage, lui fournit un jour l'occasion de s'exprimer nettement sur ce sujet. Deux moines d'Hippone, Donat et son frère, avaient quitté le monastère malgré la défense d'Augustin. Ils se rendirent à Carthage sous prétexte de s'y consacrer au service des âmes. Ils se présentèrent à Aurelius et sollicitèrent la faveur d'être élevés à la cléricature. L'évêque, croyant qu'ils étaient partis régulièrement, conféra à Donat un ordre sacré. Il informa plus tard son ami Augustin de ce qu'il avait cru devoir faire. Celui-ci manifesta son étonnement. On choisit d'ordinaire les moines les plus recomman-

*parturienti si nulli boni ministrare vellent, quomodo nasceremini,
nou inveneritis.* Id., ep. 48, col. 188.

(1) Ibid.

(2) *Cum aliquando etiam bonus monachus vix bonum clericum
faciat si ei adsit sufficiens continentia et tamen desit instructio
necessaria aut personæ regularis integritas.* Id., ep. 60, col. 228.

dables pour les élever aux honneurs ecclésiastiques,
lui écrivit-il. Or Donat n'était point de ce nombre.
En accordant ces dignités à des religieux fugitifs, on
encourage ceux qui leur ressemblent à les suivre dans
cette voie périlleuse, on fait un affront aux clercs, on
scandalise les fidèles (1).

Vers la même époque, le saint docteur reçut, de
son côté, les plaintes de Quintianus, qui gouvernait
l'église de Badenlita, sur un sujet de même nature.
Il avait reçu dans son monastère un adolescent,
nommé Privatianus, sans lui permettre toutefois de
contracter aucun engagement. Son évêque lui avait
fait lire dans l'église des livres qui ne figuraient
point, il est vrai, au canon des Ecritures. Cela suffi-
sait-il pour en faire un lecteur, par conséquent un
clerc ? La question était douteuse. Mais un concile
d'Hippone, confirmé par celui de Carthage (397),
ayant défendu expressément de recevoir un clerc sans
l'autorisation de son évêque, Augustin consulta Aurelius sur la validité de la cléricature de son postulant.
La réponse ne lui était pas encore parvenue, quand
lui arrivèrent les réclamations de Quintianus (2).

Dans la lettre qu'il écrivit à ce dernier pour expliquer sa conduite, il rappelle un décret du concile de
Carthage (401) qui interdisait d'élever à la cléricature
les moines fugitifs ou chassés de leur monastère (3).
Cette mesure, dictée par la prudence, reçut longtemps

(1) Aug., ep. 60, col. 227-228.
(2) Aug., ep. 64, col. 233-234.
(3) *Recenti concilio statutum est ut de aliquo monasterio qui re-
cesserint vel profecti fuerint, non fiant alibi clerici.* (Ibid., col.
234.)

après, dans un autre concile de Carthage (534), une forme définitive qui, tout en maintenant les droits du supérieur, mettait l'évêque à l'abri de toute surprise. Il ne fut plus permis désormais de conférer à un religieux soit la cléricature, soit une dignité ecclésiastique, sans le consentement de son abbé, qui devait, en l'accordant, témoigner de sa bonne conduite (1).

Les monastères, à cette époque, se composaient en majeure partie de simples laïcs. [Les supérieurs eux-mêmes n'étaient pas toujours dans les ordres sacrés (2). Les prêtres et les autres ministres des autels ne formaient donc qu'une exception. Or la vie commune organisée pour la majorité devait avoir pour eux beaucoup d'inconvénients. La prudence des supérieurs accordait, sans nul doute, les dispenses que nécessitaient leurs fonctions saintes. Mais elle ne pouvait supprimer tous les obstacles. D'autre part, ils se rencontraient au service de la même église avec des clercs qui continuaient à vivre dans le siècle. Ce frottement continuel entraînait forcément des conflits. La bonté et la sagesse d'un évêque animé de l'esprit de Dieu et respecté par tous ses auxiliaires étaient de

----

(1) *Ut sine bono testimonio abbatis vel concessione, nullus monachum in aliqua ecclesia teneat ad clericatum vel promoveat ad honorem.* (Conc. Carthag., Labbe, Collectio Conciliorum, t, v, col. 932.)

(2) Ce fut le cas de saint Augustin à Tagaste. Valentin, abbé d'Hadrumet, dont il sera question, ne semble pas avoir été prêtre. L'abbé Liberatus, martyrisé par les Vandales, ne l'était pas. Saint Fulgence gouvernait son monastère depuis assez longtemps lorsqu'il reçut cette dignité.

nature à les prévenir ou tout au moins à les apaiser. Mais l'expérience ne permet guère de croire que les diocèses seront toujours conduits par des hommes pareils. Saint Fulgence, qui voyait l'union la plus étroite régner entre les membres de son clergé composé de moines et de séculiers, pressentait lui-même qu'il n'en serait pas toujours ainsi. Aussi, avant de mourir, régla-t-il toutes choses de manière à ne fournir à son successeur aucun motif de troubler ses moines et son monastère (1).

Saint Augustin, devenu évêque d'Hippone, réussit à soustraire son Église, ses clercs et ses moines aux dangers que ces divisions pourraient entraîner.

Les devoirs de sa charge, il le vit bientôt, ne le laisseraient plus jouir en paix de la société de ses frères et de ses fils, si chère à son cœur. L'évêque, en effet, se doit tout à tous. Il est le conseiller, le protecteur et le père de son clergé et de ses fidèles. Chef et représentant de la grande famille chrétienne, il est tenu d'offrir l'hospitalité aux catholiques de passage. Sa maison est vraiment la *domus Ecclesiæ*, ouverte à tous les enfants de l'Église, et c'est à lui, le père commun, qu'incombe la tâche de les accueillir tous à cœur et à bras ouverts et de leur prodiguer les témoignages de la charité ecclésiastique. Telle est la volonté formelle de l'Apôtre, confirmée par les exemples des saints et par les décisions des conciles. Or, comment concilier ces obligations avec les exigences du recueillement monastique? Cette affluence de visiteurs et d'étrangers n'occasionne-

____

(1) *Vita S. Fulgentii*, c. xxix, col. 145-146.

t-elle pas un trouble et une dissipation fort préjudi-
ciables à la paix, à la solitude et au silence que les
moines cherchent avant tout ? La pauvreté du monastère ne le mettrait-elle pas dans l'impossibilité de
remplir ce devoir avec la dignité qu'il comporte ?
D'autre part, s'il restreint la charité et l'hospitalité
épiscopale, il s'expose certainement aux accusations
de dureté et d'avarice (1). Quelle injure pourrait être
plus sensible au cœur d'un évêque, surtout quand
cet évêque se nomme Augustin ? Ce seraient des mur-
mures continuels. Quel scandale, par conséquent,
pour les chrétiens ! Quelle atteinte portée à l'autorité
religieuse ! et par-dessus tout, quel dommage pour
les âmes et pour les intérêts du Seigneur !

Augustin connaissait-il ce qu'avait déjà fait le
glorieux évêque de Verceil, saint Eusèbe ? Cet in-
trépide champion de l'orthodoxie s'était mis coura-
geusement à l'œuvre pour réformer les mœurs de son
troupeau et de son clergé. Il n'avait cru pouvoir rien
faire de mieux que de se soumettre lui-même à la vie
austère des moines, et de transformer sa maison en
un monastère où prêtres et clercs menaient en commun la vie religieuse tout en vaquant aux fonctions
multiples du service des âmes (2). La même pensée se
présente à l'esprit de l'évêque d'Hippone, qui fit lui

---

(1) *Perveni ad episcopatum : vidi necesse habere episcopum exhi-
bere humanitatem assiduam quibusque venientibus sive transeunti-
bus : quod si non fecisset episcopus, inhumanus diceretur. Si autem ista consuetudo in monasterio esset, indecens esset.* (Aug., serm.
355, P. L., xxxix, col. 1570).

(2) Tillemont, t. vii, 531.

aussi de sa demeure épiscopale un véritable monastère (1).

Cette innovation répondait si bien aux besoins du moment et aux aspirations des âmes, elle produisit des résultats si heureux, qu'il put bientôt se fixer la règle de n'introduire dans son clergé que des hommes résolus à se soumettre aux lois de la vie commune et régulière. Les clercs qui, pour une raison ou pour une autre, voulaient rompre cet engagement devaient renoncer à l'exercice de leurs fonctions (2).

Quelques-uns n'ont voulu voir dans cette communauté qu'une réunion de prêtres vivant ensemble, sans avoir contracté par vœux aucune des obligations de la vie monastique. Saint Augustin aurait de la sorte fondé un séminaire ou un oratoire, non un monastère. Ce sentiment, assez répandu au XVIIe et au XVIIIe siècle (3), est dépourvu de tout fondement historique. Il suffit de s'en rapporter au saint docteur, qui exprime sa pensée sur ce point avec toute la

---

(1) *Et ideo volui habere in ista domo episcopi mecum monasterium clericorum.* (Aug , serm. 355, ibid.) Saint Martin, devenu évêque de Tours, avait donné aux moines une place aussi large que possible dans la cléricature et le gouvernement de son Église.

(2) *Certe ego sum qui statueram, sicut nostis, nullum ordinare clericum, nisi qui mecum vellet manere : ut si vellet discedere a proposito, recte illi tollerem clericatum quia desereret sanctæ societatis promissum cæptumque consortium.* (Aug., serm. 355, P. L., xxx x. Cf. Id., serm. 356, col. 1580.)

(3) Inutile de rappeler qu'à cette époque il se fonda en France et ailleurs un certain nombre de communautés ecclésiastiques sans vœux. La préoccupation de trouver des antécédents et des modèles porta naturellement leurs membres à les chercher autour de saint Augustin.

netteté désirable : « Écoutez ce que je vous dis (il parle à ses diocésains) : celui qui, après l'avoir embrassée, renonce à cette vie commune louée dans les Actes des Apôtres, viole son vœu, il déchoit d'une profession sacrée. Ce n'est point moi qui le jugerai, c'est Dieu. Qu'il y pense. Je sais quelle faute commet celui qui promet une chose et ne tient pas sa promesse. Car il est dit : *Vovete et reddite Domino Deo vestro*, et encore : *Melius est non vovere quam vovere et non reddere.*

« Une vierge qui a reçu la bénédiction virginale sans vivre néanmoins dans un monastère ne peut pas se marier ; et rien ne l'oblige à entrer dans un monastère. Mais si elle embrasse la vie monastique et qu'elle vienne à l'abandonner, tout en restant vierge, on peut déplorer la moitié de sa ruine. Il en est de même d'un clerc qui a promis (*professus est*, promis par vœu) et la sainteté et la cléricature. C'est Dieu qui lui a imposé sur les épaules, pour le service de son peuple, la cléricature, qui est une charge plus qu'un honneur. Mais où est l'homme sage qui comprendra cela ? Il a donc promis la sainteté, il a promis de vivre en commun... S'il renonce à ce genre de vie, tout en restant clerc, c'est la moitié d'une ruine (1). »

---

(1) *Ecce dico, audite : Qui societatem communis vitæ jam susceptam, quæ laudatur in Actibus Apostolorum, deserit, a voto suo cadit et a professione sancta cadit... Ego scio quantum mali sit profiteri sanctum aliquid nec implere... Sic et clericus duas res professus est, et sanctitatem et clericatum... Ergo professus est sanctitatem, professus est communiter vivendi societatem... Si ab hoc proposito ceciderit, et extra manens clericus fuerit, dimidius et ipse cecidit.* (Id., serm. 355, col. 1573.)

Ces prêtres, ces diacres et ces sous-diacres ajoutaient donc à leur dignité les devoirs d'une profession religieuse véritable. Ils étaient bien des religieux, c'est-à-dire, pour employer le langage reçu alors, des moines, et la maison qu'ils habitaient était, elle aussi, un vrai monastère : *Et ideo volui habere in ista domo episcopi mecum monasterium clericorum.* Quelques auteurs, pour les distinguer des religieux qui vivaient dans les autres monastères, les ont appelés *chanoines réguliers;* mais ce nom, transplanté au IV° siècle, est tout simplement un anachronisme. Pourquoi, du reste, chercher à leur donner un titre spécial ? Rien n'autorise à faire de ce clergé monastique d'Hippone une catégorie à part. Ils sont à la fois clercs et moines, comme le seront ensuite tant de religieux, et en particulier les Bénédictins attachés au service de nombreuses cathédrales en Allemagne et en Angleterre durant toute une période du Moyen-Age (1).

Saint Augustin nous a conservé les noms de plusieurs membres de sa communauté dans ses discours 355 et 356, intitulés *De vita et moribus clericorum suorum* (2). Ce sont les prêtres Januarius, Barnabas et Leporius ; les diacres Lazare, Valens, Faustinus, Severus, qui devint aveugle, Heraclius, et un sixième qu'il nomme simplement le diacre d'Hippone, *dia-*

----

(1) Les églises celtiques, particulièrement, n'avaient point, aux VI° et VII° siècles, de clergé séculier. Les évêques et les clercs se recrutaient uniquement parmi les moines. Cf. Arthur de La Borderie. *Les Monastères celtiques aux* VI° *et* VII° *siècles,* d'après les usages de l'île d'Iona, traduit de l'anglais du docteur Reeves, avec notes et introduction.

(2) P. L., XXXIX, col. 1568-1581.

connus Hipponensis. Son neveu Patritius est le seul
sous-diacre dont il parle nommément. On connaît
par ailleurs le diacre Lucillus, frère de l'évêque
Novatus, qui rendait des services fort appréciés grâce
à sa connaissance de la langue punique, qui était
celle de toute une partie de la population afri-
caine (1). Il faut y ajouter encore Heraclius, qui fut
le successeur d'Augustin, Saturninus, Fortunatianus
et Rusticus, qui prirent part à son élection (2). Mais
il en est d'autres qui ont laissé un souvenir moins
honorable. Dieu permet, en effet, que les méchants
s'introduisent dans la société des hommes justes. Il
en a été toujours ainsi et il en sera de même jusqu'à
la fin des temps. Leur perversité éprouve la vertu des
saints, exerce leur patience et leur prêche l'humilité.
Il ne faut donc pas être surpris de rencontrer à
l'école d'Augustin quelques misérables, indignes
d'un pareil honneur. Il eut un jour la douleur d'entendre Boniface, prêtre de son monastère épiscopal,
accuser un jeune religieux nommé Spes de lui avoir
fait des propositions infâmes. Celui-ci, au lieu
d'avouer sa faute, la rejeta sur son dénonciateur.
Boniface était un homme digne de foi. L'évêque crut
à la vérité de sa dénonciation. Mais le défaut de
preuve convaincante ne lui permettant pas de châtier
le coupable, il attendit qu'une circonstance fortuite
vînt l'éclairer et le confirmer dans ses soupçons. Ce
fut Spes lui-même qui la fit naître en demandant à
son évêque de lui conférer un ordre supérieur à celui

(1) Aug., ep. 84. P. L., xxxiii, 294.
(2) Id., ep. 213. ibid., col. 966.

qu'il exerçait, ou du moins de lui donner des lettres de recommandation pour être ordonné ailleurs. Irrité par le refus légitime qu'éprouva sa requête, il renouvela ses accusations contre Boniface et insista pour qu'il fût déposé de ses fonctions. On pouvait tout craindre de cet esprit révolté. Pour éviter le scandale que la divulgation de cette affaire causerait aux fidèles et le triomphe que ne manqueraient pas d'en tirer les donatistes, Boniface consentit à subir cette humiliation. Saint Augustin accepta, sans vouloir néanmoins effacer son nom de la liste des prêtres qui se lisait à l'autel.

Mais sa conscience ne lui permettait pas de confondre indéfiniment l'innocent et le coupable. Dans l'impossibilité où il se trouvait d'établir juridiquement la culpabilité de Spes, il eut recours à un moyen surnaturel. Les hommes se taisant, les saints pourraient parler. Il envoya donc l'accusateur et l'accusé en pèlerinage au tombeau de saint Félix de Nole, dans l'espoir qu'une intervention miraculeuse manifesterait la vérité. Jusque-là rien n'avait transpiré. Mais alors, on ne sait par qui, le peuple fut mis au courant de l'affaire. Le scandale fut grand, on le devine, d'autant plus que les catholiques d'Hippone étaient fiers de la vertu de leur clergé et voyaient le parti que les schismatiques allaient tirer contre eux de ce malheur. Leur colère éclata surtout contre Boniface, et ils réclamèrent avec instance que son nom disparût de la liste sacerdotale. Saint Augustin, qui était absent, envoya sans retard à son clergé et à son peuple la relation fidèle de tout ce qui était arrivé. Puis, dans le but de fortifier les faibles, que troublait ce triste épisode, il ajoute : « Je vous avoue, le Seigneur Dieu qui voit le fond de mon cœur sait la vérité de ce que je vous affirme : depuis que je me suis consacré à son service, je n'ai pas trouvé d'hommes meilleurs que ceux qui vivent saintement dans les monastères, je n'ai rien trouvé non plus de pire que ceux qui s'y sont corrompus. Aussi je crois qu'on peut appliquer aux monastères ces paroles de l'Apocalypse : *Le juste s'y sanctifie de plus en plus, le pécheur s'y souille davantage.* Si nous avons parfois le chagrin de rencontrer des ordures (*purgamenta*), nous éprouvons néanmoins une vive consolation, parce que nous y trouvons plus souvent des joyaux pour l'Église. Gardez-vous de prendre en aversion les pressoirs d'où sort une huile si propre à éclairer l'Eglise, parce que vos yeux y aperçoivent du marc (1). » Cela se passait en 404.

Peu de temps après, il eut à déplorer la conduite indigne de Paul, évêque de Cataque, que Tillemont met au nombre de ses disciples et de ses moines (2). Augustin « l'avait engendré par le Christ Jésus dans l'Evangile (3) ». Ce lui était un titre suffisant pour lui donner de sages conseils et, au besoin, des réprimandes sévères. Malgré cela, Paul devint par sa vie mondaine la honte de l'Église d'Hippone sa mère, et l'occasion de la perte de beaucoup d'âmes faibles, à tel point que son maître et son père fut obligé de le priver de sa communion.

(1) Aug., ep. 78, col. 267-272.
(2) Tillemont, t. XIII, pp. 155-156.
(3) *Tibi enim maxime debeo quia in Christo Jesu per Evangelium ego te genui.* Aug., ep. 85, col. 294.

Antoine, l'un de ses disciples de prédilection, lui causa une peine beaucoup plus vive encore. Il l'avait reçu tout enfant dans son monastère. Il eut plus tard assez de confiance en lui pour le charger du gouvernement de l'Église de Fussala, qu'il venait de détacher de son diocèse. Une fois évêque, Antoine foula aux pieds ses devoirs les plus sacrés. Ses diocésains se plaignirent amèrement de ses rapines, de ses concussions et de ses violences de toutes sortes. D'autres personnes portaient contre lui des accusations plus graves encore. Un synode réuni à Hippone autour de saint Augustin le condamna à restituer ce qu'il avait volé, sans le priver toutefois des honneurs de l'épiscopat (1). On lui aurait même laissé l'administration de son Église, si les menaces des chrétiens de Fussala n'eussent fait craindre des excès regrettables. Antoine promit de restituer, mais il refusa d'abandonner à un autre le gouvernement de son Église, et il fit appel au primat de Numidie et au Pape (2).

En terminant la lettre qu'il écrivit à saint Célestin pour lui exposer la vérité, l'évêque d'Hippone laissa s'épancher la tristesse qui remplissait son cœur. « Je confesse à Votre Béatitude, dit-il, que cette affaire me remplit de crainte et d'angoisse ; c'est au point que je songe à me démettre des fonctions épiscopales pour expier dans les larmes d'une juste pénitence la faute que j'ai commise en élevant à l'épiscopat celui qui ravage l'Eglise de Dieu... Si vous allégez la crainte et la tristesse des membres du Christ qui vivent dans

____

(1) Id., col. 294-295.
(2) Ils paraissent avoir confirmé la sentence. Cf. Tillemont, ibid., 841-842.

cette région, et si, par cette juste miséricorde, vous consolez ma vieillesse, celui qui nous aura ainsi soulagés dans cette tribulation vous récompensera dans cette vie et dans l'autre (1). »

Augustin ne gardait pas pour lui seul les utiles leçons qui résultaient de ces scandales. « Dieu, écrivait-il, permet qu'il entre dans cette sainte carrière des hommes qui ne persévèrent pas et commettent des fautes lamentables ; ces chutes pénètrent les autres d'une crainte salutaire qui écrase l'orgueil, ce pire ennemi de la vie religieuse (2). » Il exhortait en même temps ses religieux à placer leur confiance non dans sa sagesse et dans la discipline de son monastère, mais en Dieu seul (3).

(1) Aug., ibid., 956-959.
(2) Aug., *De sancta Virginitate*; c. XXXIX, 40, col. 420.
(3) Cf. Tillemont, XIII, 155.

CHAPITRE III

Les moines évêques. Monastères épiscopaux. Les adversaires de
la vie monastique. Vocation du tribun Boniface. Le recrutement
des monastères.

Mais que sont ces chutes, si on les compare à la
sainteté qui s'épanouit autour de saint Augustin et
au développement rapide que sa vigoureuse impulsion
sut donner au monachisme africain? Elles forment
une ombre à peine perceptible dans un paysage mer -
veilleux.

Au témoignage de Possidius lui-même, il ne sortit
des monastères d'Hippone pas moins de dix évêques,
qu'il appelle « des hommes saints, vénérables, chastes
et très instruits ». Quelques-uns occupèrent des sièges
fort importants (1). Augustin n'était pas encore
évêque d'Hippone, lorsque son fidèle Alypius reçut

(1) *Nam ferme decem quos ipse novi, sanctos ac venerabiles viros,
continentes et doctissimos, beatus Augustinus diversis Ecclesiis
nonnullis quoque eminentioribus rogatus dedit.* (Possidius, c. II,
col. 42.)

le gouvernement de l'Église de Tagaste (1). La même
année 399, les suffrages du clergé et des chrétiens de
Cirta (Constantine), métropole de la Numidie, se
portèrent sur Profuturus (2). Fortunatus lui succéda
trois ans après (3). Severus était évêque de Milève
en 396, et Possidius de Calama (Guelma) l'année
suivante (4). Dans la suite, l'Église d'Uzala élut pour
premier pasteur Evodius (vers 404) (5) ; celle de Cataque, Boniface (408) (6), et celle de Sicca, Urbanus (413) (7).

Ces moines évêques furent les plus actifs propaga-
teurs du monachisme. On les vit en effet doter leurs
diocèses d'institutions analogues à celles d'Hippone.
Et bientôt, d'autres Églises vinrent, à leur tour, choisir
des évêques et des clercs parmi les religieux qu'ils
avaient pu former (8).

Alypius trouva un monastère à Tagaste. En fonda-
t-il un dans sa ville épiscopale ? On est porté à le
croire en lisant l'épître que lui adresse saint Augustin
vers l'année 405 : « *Domino beatissimo et venerabiliter
carissimo ac desideratissimo fratri coepiscopo Alypio
et qui tecum sunt fratribus, Augustinus et qui mecum
sunt fratres, in Domino salutem* (9). » Ces frères qui
se joignent à Augustin pour saluer Alypius sont

(1) Tillemont, p. 207.

(2) Ibid., 187. — (3) Ibid., 188. — (4) Ibid., 298. — (5) Ibid., 606.
— (6) Ibid., 438. — (7) Ibid., 606.

(8) *Similiterque et ipsi ex illorum sanctorum proposito venientes,
Domini Ecclesiis propagatis, et monasteria instituerunt, et studio
crescente ædificationis verbi Dei, cæteris Ecclesiis promotos fratres ad suscipiendum sacerdotium præstiterunt.* (Possidius, ibid.)

(9) Aug., ep. 83, col. 391. Cette épître est relative au testament
d'Honoratus, moine du monastère de Tagaste et prêtre de Thiave.

évidemment les religieux de son monastère épiscopal.
Ne peut-on pas dès lors voir dans les frères qui sont
avec Alypius les membres d'une communauté sem-
blable ? Les lettres échangées par Augustin et Évodius
commencent par les mêmes salutations (1). Or, dans
la première, il est fait mention du monastère de cette
ville à deux reprises différentes (2). Cette formule se
retrouve encore au début d'une épître qu'Augustin
écrivait à Possidius (3). Et nous savons par ailleurs
qu'il avait avec lui, au service de son Église, des serviteurs de Dieu (4), c'est-à-dire des moines (5), ce
qui suppose la présence d'un monastère (6).

Lorsque l'évêque d'Hippone écrit à Valentin, supérieur du monastère d'Hadrumète, il n'oublie pas de
saluer les frères qui sont avec lui : *Honorando fratri
Valentino et fratribus qui tecum sunt* (7). L'usage
voulait en effet que les moines évêques s'envoyassent
ainsi les salutations de leur communauté respective.
Quand une lettre se présente avec ces formules, elle
signale donc l'existence d'un monastère dans la
maison de l'expéditeur et du destinataire. Or elles ne
se rencontrent pas seulement en tête des épîtres
adressées aux évêques de Tagaste, d'Uzala et de
Calame. Augustin les adresse encore à Fortunatus de

(1) Ep. 158, col. 693 ; ep. 159, col. 693 ; ep. 159, col. 698 ; ep.
161, col. 702 ; ep. 162, col. 704.
(2) Ep. 158, col. 697.
(3) Ep. 245, col. 1060.
(4) Ep. 91, col. 316-317.
(5) Tillemont, XIII, 462.
(6) Ibid.
(7) Ep. 214, col. 968 ; ep. 215, col. 571.

Cirta (1), à Severus de Milève (2), à Benenatus (3) et à Novatus (4), évêques de sièges inconnus. La rareté des documents relatifs au monachisme africain augmente le prix de ces indications, saisies au cours de la correspondance de saint Augustin.

Ses amis, de leur côté, portaient un vif intérêt aux moines et à leur développement. L'un deux, Aurelius, monta sur le siège épiscopal de Carthage peu de temps après la fondation du monastère d'Hippone. Son premier soin fut de lui annoncer la nouvelle de son élection et de solliciter instamment le secours de ses prières. Elles lui furent accordées d'autant plus volontiers que malgré la distance qui séparait les deux villes, il était venu en aide par ses largesses à la communauté naissante (5).

Le nouvel évêque de Carthage partageait trop les sentiments de son saint ami pour ne pas comprendre les services que la société était en droit d'espérer des institutions monastiques. Aussi accorda-t-il sa bien-veillante protection à celles qui ne tardèrent pas à se fixer dans son diocèse (6). Saint Paulin de Nole nous apprend en effet qu'il y avait des moines dans cette ville sur la fin de l'année 394. C'est à cette époque que nous voyons apparaître son nom dans la correspondance d'Augustin. Il adresse sa première

---

(1) Ep. 115, col. 430. — (2) Ep. 110, col. 419. — (3) Ep. 214, col. 1069.

(4) Ep. 84, col. 294. Peut-être ce Novatus serait-il l'évêque de Sétif qui assista à la conférence de Carthage.

(5) Aug., ep. 22. P. L., XXXIII, col. 90.

(6) Le traité *De opere monachorum* de saint Augustin, dont il sera question plus tard, fournit la preuve manifeste de cet intérêt.

épître à Alypius. Après lui avoir donné des témoignages de son entière confiance et de son affection toute fraternelle, il le prie de saluer de sa part les bénis compagnons de son existence, les émules de sa vertu, qu'il demande la permission d'appeler ses frères. Cette assurance de sa tendre charité et de son profond respect s'étend à tous les serviteurs de Dieu qui se sont attachés au service des Églises, ou qui vivent dans les monastères, soit à Tagaste, soit à Hippone, soit à Carthage, ou en d'autres endroits de l'Afrique (1). Peu de temps après, Augustin salue le solitaire de Nole de la part de ses frères qui sont dans son monastère ou en divers autres lieux (2). La diffusion de l'ordre monastique ne s'était donc pas fait longtemps attendre. Ses progrès furent assez rapides, puisque, au commencement du v° siècle, le seul diocèse de Carthage comptait déjà plusieurs monastères (3). Un simple coup d'œil jeté sur le traité *De opere monachorum* suffit pour convaincre que les monastères et les moines tenaient alors dans la société une place assez importante (4). Ils ne se cantonnèrent certainement pas dans cette seule partie

(1) *Benedictos Sanctitatis tuæ comites et æmulatores, in Domino fratres, si dignantur, nostros tam ecclesiis quam in monasteriis Carthagini, Tagastæ et Hippone Regio et totis parochiis tuis atque omnibus cognitis tibi per Africam locis, Domino catholice servientes, multo affectu et obsequio salutari rogamus.* P. L., XXXIII, 100.

(2) *Fratres... qui nobiscum habitant et qui ubilibet habitantes pariter serviunt.* Aug., ep. 27, col. 3.

(3) Aug., *Retractationum*, l. II, c. XXI. P. L., XXXII, col. 386.

(4) Cet ouvrage sera étudié longuement dans la suite de ce travail. Cela me dispense d'insister sur ce point.

de l'Afrique. Quelques [paroles de saint Augustin, qui jettent sur ce développement une vive lumière, méritent d'être rapportées ici. Il expliquait devant son peuple le beau psaume cent troisième. Arrivé à ce verset où le Prophète chante « les cèdres du Liban, plantés par la main du Seigneur, et à l'ombre desquels nichent les passereaux », il cherche, suivant son habitude, sous l'écorce du sens littéral, une explication allégorique. « Les cèdres du Liban, dit-il, ce sont les hommes que le siècle estime nobles, ceux que la naissance, la richesse ou la dignité élèvent au-dessus de leurs semblables... C'est sur ces cèdres que les passereaux font leurs nids. Mais que sont les passereaux (1) ? Ce sont les serviteurs de Dieu qui ont entendu le Seigneur dire dans son Évangile : Abandonne tout ce que tu possèdes ; ou encore : Va vendre tous tes biens, distribues-en le prix aux pauvres et viens à ma suite... Beaucoup font cela, *faciunt hoc multi...* Ils viennent, et les voilà devenus passereaux utiles... Ils nichent dans les cèdres du Liban ; c'est-à-dire, les hommes qui possèdent la noblesse, la fortune et les honneurs de cette vie, écoutent avec déférence ces paroles : Bienheureux celui qui ouvre son intelligence sur les besoins du pauvre et de l'indigent (2). Ils considèrent leurs propriétés, leurs villas, tous les biens superflus dont la possession les fait paraître grands aux yeux du monde, et ils les offrent aux serviteurs de Dieu. Ils donnent des champs, ils donnent des maisons, ils bâtissent des

(1) Ps. 103, 16 et 17.
(2) Ps. 41, 2.

églises et des monastères, ils y réunissent des passereaux. De la sorte, les passereaux font leurs nids sur
les cèdres du Liban... Considérez le monde entier
pour voir s'il n'en est pas ainsi (1). »

Il n'entrait pas dans la pensée de l'orateur d'exclure
de ce tableau les provinces de l'Afrique romaine. Il
le dit clairement, lorsqu'il affirme avoir vu de ses
propres yeux ce qu'il vient de raconter, ajoutant
qu'il en a lui-même fait l'expérience (2). Et c'est dans
son propre diocèse qu'il lui a été donné de la faire.

Un certain Eleusinus, qu'il appelle son fils cher et
honorable, qui voulait fonder un monastère, remit
une villa au moine Barnabas, qui exécuta fidèlement
son intention (3). Le moine prêtre Leporius en établit
un autre avec ce qui lui restait de sa fortune personnelle (4). Cela faisait le troisième monastère de l'É-
glise d'Hippone, sans parler de celui qui occupait la
maison épiscopale. Aussi Possidius pouvait-il dire
qu'Augustin laissait en mourant plusieurs monastères,
et il ajoute qu'ils étaient pleins de religieux (5).

Cependant les moines avaient en Afrique de nombreux adversaires. Les païens n'étaient pas toujours
les plus redoutables, bien que leur haine soit allée
parfois jusqu'à l'effusion du sang. A Calame, par
exemple, ils livrèrent le monastère au pillage et aux
flammes, tuèrent un religieux, le seul qui leur tomba

(1) Aug., *Enarratio* in Ps. 103, serm. 3. P. L., xxxvi, col. 1371.
(2) *Ut loquerer ista, non solum credidi, sed et vidi, dedit mihi
intellectum ipsum experimentum.* Ibid.
(3) Aug., Sermo 356. P. L., xxxix, 1580-1581.
(4) Ibid., col. 1575.
(5) Possidius, c. xxxi. P. L., xxxii, col. 64.

dans les mains, les autres ayant pu se cacher ou
prendre la fuite (408) (1).

La foule des chrétiens indifférents, voués à la re-
cherche du plaisir et de la fortune, était certainement
plus à craindre. L'existence sainte et mortifiée des
serviteurs de Dieu contrastait trop avec la leur pour
ne pas leur inspirer une vive répulsion. Ecoutons Salvien : « Ce n'est pas sans motif que les Africains
haïssaient les moines, car tout ce qu'ils apercevaient
dans leur vie était pour eux un reproche et un ennemi.
Ils se livraient constamment aux inspirations du mal,
tandis que les serviteurs de Dieu vivaient dans l'inno-
cence. Ils se plongeaient dans la débauche, et les
moines mettaient leur joie dans la chasteté. Ils pas-
saient leur vie dans les lieux de plaisir, et les moines
dans la retraite des monastères. Ils vivaient presque
toujours en la compagnie du démon, et les moines
ne quittaient pas la société du Christ (2). » Ces mon-
dains apprenaient-ils qu'un de leurs amis ou de leurs
parents songeait à embrasser la vie religieuse : ils
venaient à lui pour tâcher de dissiper ce qu'ils appe-
laient ses illusions. « Vous aussi, lui disaient-ils, vous
songez à entreprendre ce que nul autre ne fait ? Etes-
vous donc le seul à comprendre la vie chrétienne ? »
Maintes fois Augustin signale aux fidèles d'Hippone
ces dangereuses séductions en commentant le psaume
cent dix-neuvième. Ces faux amis devenaient, à ses
yeux, les lèvres iniques et la langue perfide qui dis-

(1) Aug., ep. 91, col. 316-317.
(2) Salvien, *De Gubernatione Dei*, l. VIII, n. 4. P. L., LIII,
col. 156.

tillent le venin de l'erreur dans les âmes, et contre lesquelles il faut se protéger avec le bouclier de la la prière (1). Ce sont des serpents dont la morsure peut causer la mort. Mais le Seigneur nous a donné pour les combattre des armes puissantes (2), les flèches aiguës de la parole divine qu'il faut leur jeter à la face, sans jamais perdre courage. Ils ne résisteront point à leurs coups. Ils te disent : « Réfléchis, vois si tu pourras porter la vie austère que tu veux embrasser. Tu entreprends une chose excessive. » Oppose-leur la parole de Dieu : « Va vendre tes biens distribues-en le prix aux pauvres et viens à ma suite. » S'ils insistent, ne te lasse point de leur décocher cette flèche. Crains-tu qu'elle ne te suffise pas ? Tu as à ta disposition les charbons enflammés, c'est-à-dire l'argument irréfutable de la possibilité prouvée par les exemples. Oppose-leur donc les transformations radicales que la vie religieuse opère dans les âmes. Que de fois tu as entendu dire : « J'ai connu un tel, quel ivrogne ! quel misérable ! il ne pensait qu'aux courses du cirque et aux jeux de l'amphithéâtre. Quel malhonnête ! comme le voilà changé maintenant ! avec quelle ferveur il mène la vie innocente et pure des moines ! comme il sert Dieu ! » Ferme-leur donc la bouche en disant : « Ce qu'il a pu, ce qu'ils ont pu, ne le pourrai-je pas moi-même (3) ? »

(1) *Domine, libera animam meam a labiis iniquis et a lingua dolosa.* Ps. 119, v. 2.

(2) *Sagitta potentis acutæ, cum carbonibus desolatoriis.* Ibid., v. 3.

(3) Aug.. *Enarratio* in Ps. 119, 11, 3 5. P. L., XXXVI, col. 1599-1601.

Les religieux éprouvaient de bien des manières les
effets de cette antipathie. On épiait constamment leurs
actes, leurs mouvements, et jusqu'à leurs moindres
paroles, pour trouver une occasion de les critiquer
avec amertume. Quand il n'y avait rien à reprendre,
on recourait à la calomnie. Païens, hérétiques, chrétiens indignes, étaient toujours prêts à croire et à dire
du mal quand il s'agissait des moines. Cette persécution par la langue leur causait une peine profonde qui
pouvait décourager ceux dont la vocation était chan-
celante et le caractère mal trempé, faire craindre des
défections, et cela jusque dans la ville d'Hippone,
sous les yeux d'Augustin (1). L'évêque d'Hippone,
lui, ne se décourageait pas. Au risque de passer, aux
yeux d'un Petilianus quelconque, pour le fondateur
de la vie monastique, il continuait à faire du prosélytisme (2).

On aurait pu dire de lui ce que dira plus tard de
son héros le biographe de saint Fulgence : il aurait
voulu enrôler tous ceux qu'il connaissait (3). Mais il
ne franchissait pas les limites de la vérité et de la dis-
crétion. Les justes éloges qu'il décernait à la vie monastique ne devenaient pas un blâme imprudent du
mariage chrétien (4). En d'autres termes, il respectait

(1) Aug., sermo 354. P. L., xxxix, col. 1563-1569. Ce sermon, in-
titulé *Ad continentes*, a pour but de relever le courage des moines
que ces attaques déconcertaient.

(2) *Arguens me quod hoc genus vitæ a me fuerit institutum.*
(Aug., Contra litteras Petiliani, l. III, 39 ; P. L., xlii, 1572.)

(3) *Ita cupidus semper acquirendæ ad cœnobium fraternitatis, ut
quamvis omnia omnibus nosset esse, monachorum tamen professioni
sociare cunctos vellet.* (Fulgentii vita, n° 20, P. L., lvx 139.)

(4) *Sic tamen ut præcipue sana doctrina teneatur, nec eos qui ita*

les dispositions de la Providence et les inspirations
de la grâce sans imposer à personne des obligations
pour lesquelles il n'était point fait. Sa grande âme
était incapable de tomber dans ces petitesses. Il a du
reste inscrit dans son catalogue des hérétiques les
Aeriani ou *Encratites*, qui auraient voulu faire du
monde un immense monastère, en refusant d'admettre
à leur communion ceux qui ne vouaient pas la continence, ne renonçaient pas au siècle et ne vendaient
pas tous leurs biens (1).

La Providence lui fournit un jour l'occasion de
montrer comment il savait subordonner son amour
du monachisme, et même les attraits d'un individu
aux intérêts généraux de l'Eglise et de l'Empire. Le
tribun Boniface, vaillant officier préposé à la garde
de la frontière, venait de perdre sa femme. La violence
de son chagrin lui fit prendre en aversion le monde
et ses honneurs. Ayant trouvé saint Augustin et Alypius à Tubana, il leur confia son désir de se consacrer
au service de Dieu (2). Mais, loin de lui faciliter l'exécution d'un dessein si honorable pour le corps dont
ils étaient les membres, les deux saints évêques cher-
chèrent à l'en dissuader. Boniface, en effet, par sa va-
leur et par son habileté, maintenait les Maüres en res-

non *faciunt, vana contumacia judicemus, dicentes nil prodesse quod
pudice, quamvis conjugaliter vivunt.* (Aug., ep. 157, col. 692.) Il
vise les manichéens, qui condamnaient le mariage.

(1) *De Hæresibus,* 53 ; P. L., XLII, 40.

(2) *Recole... recenti ejus obitu quomodo tibi vanitas hujus sæculi horruerit et quomodo concupieris servitutem Dei... Nempe om-
nes actus publicos quibus occupatus eras relinquere cupiebas et in
otium sanctum conferre atque in ea vita in qua servi Dei monachi
vivunt.* (Aug., ep. 220, col. 993.)

pect et assurait ainsi la paix aux Eglises d'Afrique (1).
Que serait-il advenu s'il avait laissé à un autre moins
expérimenté le soin de garder les frontières ? Augustin
et Alypius ne se faisaient pas illusion. Aussi lui per-
suadèrent-ils de rester à la tête des armées (2). Le
pieux tribun voulut néanmoins se rapprocher le plus
possible de cette vie religieuse à laquelle il renonçait
avec peine ; dans ce but, il promit de ne plus se re-
marier et de mener au milieu des honneurs une existence pauvre et sanctifiée par les pratiques de l'ascèse
spirituelle (3).

Boniface oublia, dans la suite, ces engagements sacrés, pour son malheur et celui de l'Afrique romaine.
Il épousa la fille du roi des Vandales. Cette liaison le
porta, quand les intrigues d'Aetius l'eurent compro-
mis aux yeux de l'impératrice Placidie (427), à implo-
rer le secours de Genséric. On sait quelles furent les
conséquences de cette démarche coupable (4).

Beaucoup, parmi ceux qui embrassaient la vie monastique, appartenaient aux premiers rangs de la société. Quelques-uns étaient de famille sénatoriale (5) ;

---

(1) René Cagnat, *L'armée romaine d'Afrique et l'occupation mi-
litaire de l'Afrique sous les empereurs*, p. 88

(2) *Ut autem non faceres quid te revocavit, nisi quia considerasti
ostendentibus nobis, quantum prodesset Christi Ecclesiis quod
agebas, si ea sola intentione ageres, ut defensæ ab infestationibus
Barbarorum quietam et tranquillam vitam agerent.* (Aug., ibid.)

(3) *Tu autem ex hoc mundo nihil quæreres, nisi ea quæ necessaria essent huic vitæ sustentandæ tuæ ac tuorum, accinctus balteo
castissimæ continentiæ et inter arma corporalia spiritualibus ar-
mis tutius fortiusque munitus ?* Ibid.

(4) Cf. Cagnat, op. cit., 89.

(5) *Nullo modo decet ut in ea vita ubi fiunt senatores laboriosi,*

d'autres, sans avoir la même noblesse, possédaient une fortune parfois considérable (1) : c'était le cas de Leporius, moine d'Hippone (2). Il y en avait qui voyaient le succès couronner leur travail et leur talent, et qui espéraient un brillant avenir. Saint Augustin se met de leur nombre (3). Ni les uns ni les autres n'hésitaient à se mêler fraternellement aux religieux issus d'une famille plus modeste qui formaient la majorité dans les monastères africains. Les uns étaient de simples ouvriers ou des paysans condamnés jusque-là à gagner leur pain à la sueur de leur front ; les autres étaient des affranchis ou des esclaves à qui leurs maîtres accordaient la liberté, afin qu'ils pussent se consacrer au service du Seigneur. Souvent ces hommes de condition modeste sont devenus grands par leur vertu et dignes d'être proposés pour exemples (4).

Saint Augustin leur ouvrait volontiers les portes de son monastère. C'eût été, écrit-il, une faute grave que

ibi fiant opifices otiosi. (Aug., *De opere monach.*, n. 33., P. L., xl, 573.)

(1) *Quamobrem etiam illi qui relicta vel distributa sive ampla sive qualicumque opulenta facultate, inter pauperes Christi pia et salutari humilitate numerari voluerunt.* Id., col. 572.

(2) Aug., sermo 326 ; P. L., xxxix, 1578.

(3) *Spem quippe omnem sæculi reliqueram, et quod esse potui, esse nolui.* Id., serm. 355, col. 1569.

(4) *Nunc autem veniunt plerumque ad hanc professionem servitutis Dei et ex conditione servili vel etiam liberti, vel propter hoc ex dominio liberati seu liberandi et ex vita rusticana et ex opificum exercitatione et plebeio labore. Multi enim ex eo numero magni et imitandi exstiterunt.* (Aug., *De opere monach.*, n. 25, col. 568.)

d'agir autrement (1). Il suffisait de franchir le seuil de son monastère épiscopal pour contempler comment la fraternité monastique aplanit toutes les distinctions sociales sous les grandes pensées de la foi. On y voyait, à côté de Leporius, de naissance illustre, du prêtre Januarius, du diacre Heraclius, du sous-diacre Patritius, qui avaient eu quelque chose à quitter, et d'un ancien soldat devenu le diacre Faustinus, le diacre d'Hippone, qui était un homme pauvre, et quelques sous-diacres qui n'avaient rien abandonné parce qu'ils ne possédaient rien (2). « Ils partagent notre société, dit l'évêque d'Hippone; personne ne les distingue de ceux qui ont apporté quelque chose. Car nous devons placer l'unité de la charité au-dessus des héritages terrestres (3). » Les monastères de femmes offraient le même spectacle. Écoutons les sages paroles que ce mélange inspire à saint Augustin : « Les sœurs qui ne possédaient rien ne chercheront pas au monastère ce qu'elles ne pouvaient avoir dans leurs familles. Les supérieures néanmoins leur accorderont tout ce qui leur est nécessaire, bien que leur pauvreté ne leur eût pas permis autrefois de se procurer même ce nécessaire. Que ces sœurs ne se croient pas heureuses uniquement parce qu'elles ont trouvé une nourriture et des vêtements qui leur faisaient défaut.

(1) *Qui si non admittuntur, grave delictum est.* (Aug., *De opere monach.*)

(2) Id., serm. 346, 1574-1581.

(3) *Vivunt nobiscum in societate communi, nemo eos distinguit ab illis qui aliquid attulerunt. Caritatis unitas præponenda est terrenæ commodo hæreditatis.* (Id., col. 1577.)

« Qu'elles ne redressent point la tête, en se voyant
associées fraternellement à des personnes que, au de-
hors, elles n'auraient jamais osé approcher, mais
qu'elles élèvent leur cœur en haut et ne recherchent
point les avantages de la terre, dans la crainte que les
monastères, utiles aux riches, ne deviennent préjudi-
ciables aux pauvres ; ce qui arriverait le jour où, les
riches s'humiliant, les pauvres s'enorgueilliraient.
Celles qui semblaient être quelque chose dans le
monde ne mépriseront point celles qui sont venues
du sein de la pauvreté ; elles placeront leur honneur,
non dans la noblesse de leur famille, mais dans la société des sœurs pauvres (1). »

Les portes des monastères africains s'ouvraient encore devant les adolescents et même des enfants (2).
Le fils et la fille du prêtre Januarius étaient, l'un dans
un monastère d'hommes, et l'autre dans un de
vierges (3). Saint Augustin fait une allusion directe à
celle-ci (4). Le malheureux évêque de Fussala, Antoine, avait été reçu dans le monastère épiscopal

(1) Aug. ep. 211, col. 690.

(2) *Sed respice agmina virginum, puerorum puellarumque sanc-
tarum ; in Ecclesia tua eruditum est hoc genus, id est, de sancta
virginitate.* (Id., De bono conjugali, c. 26, 36, L. P. xl, 417 ; col.
396.)

(3) *Filia ipsius in monasterio feminarum est, filius ipsius in
monasterio virorum est.* Id., serm., 355, col. 1571.

(4) *Et quia infra annos erat et de sua pecunia nihil facere po-
terat (quamvis enim videremus fulgorem professionis), tamen lu-
bricum timebamus ætatis.* Ibid. col. 1570. Le droit de posséder
s'accordait alors dans certains cas avec la profession monastique,
nous aurons occasion de le voir ailleurs. Le sermon suivant de
saint Augustin en fournit deux preuves, col. 1573 et 1577.

d'Hippone tout enfant (1). Plus tard on voit parmi les compagnons de martyre de l'abbé Liberatus figurer Maximus. Ce n'était qu'un enfant, et néanmoins il reçoit le titre de moine (2). Il y avait encore dans le monastère voisin de Bennefe, où se retira saint Fulgence, un grand nombre de vieillards qui y étaient venus dès leur jeune âge (3). Avant de renoncer au monde, l'évêque de Ruspe admirait beaucoup la chasteté des nombreux adolescents qui menaient la vie monastique (4). Victor de Vite célèbre leur patience à souffrir les peines de l'exil durant la persécution d'Hunéric (5).

Ces enfants étaient engagés au service de Dieu par leur père et mère, suivant la discipline reçue à cette époque. Car les désirs exprimés à cet âge n'auraient pas suffi pour contracter des engagements irrévocables. Saint Augustin le dit clairement à l'évêque Benenatus, qui était chargé d'une orpheline abandonnée à la protection de l'Eglise. Elle n'avait pas encore atteint l'âge requis pour se marier et elle parlait de se faire moniale : « Ses paroles, lui écrit-il, sont un jeu

(1) *In monasterio quidem a nobis a parvula ætate nutritum.* Id., ep. 209, col. 954.

(2) *Infantulus videbatur... Maximus monachus.* (*Passio Liberati et sociorum ejus.* P. L. LVIII, col. 264.)

(3) *In hoc monasterio... ab infantia sua usque ad decrepitam senectutem sanctissime viventibus.* (Vita S. Fulgentii, c. 15 ; P. L., LXV, col. 132.)

(4) Ibid., c. 2, col. 120.

(5) *Didicerunt vias asperas ambulare virgines ejus et juvenes hujus, in aulis educati monasteriorum, abierunt in captivitatem Maurorum.* (Victor Vit. *De persecut. Vand.* l. V, c. 19 ; P. L., LVIII, 257.)

d'enfant qui s'amuse plutôt que la promesse d'une personne qui s'engage (1). »

Les évêques et les prêtres admettaient au service de leurs églises des enfants qui remplissaient les fonctions de lecteurs, en attendant qu'on pût les élever au sous-diaconat, au diaconat ou au sacerdoce. Mais leur situation ne saurait être confondue avec celle des enfants donnés au monastère. Ces derniers étaient vraiment religieux, tandis que ceux-là restaient libres de se marier quand ils avaient l'âge de le faire ou de vouer la continence requise pour les ordres sacrés (2).

A quelle épreuve soumettait-on les hommes qui *se convertissaient à la vie monastique* (3), c'est-à-dire qui venaient à Dieu dans la pleine possession de leur liberté, pour s'assurer que leurs sentiments étaient sincères et qu'ils auraient la force de porter les obligations de ce saint état ? L'expérience montrait que beaucoup venaient au monastère sans les dispositions requises. Il importait donc de ne pas les admettre trop facilement dans la société des frères (4). Les moines africains, qui ne semblent pas avoir connu l'institution si pratique des noviciats, trouvèrent des moyens propres à leur faire discerner les dispositions des as—

---

(1) *Quia in his annis est, ut et quod se dicit velle esse sanctimonialem jocus sit garrientis potius quam sponsæ promittentis.* (Aug., ep. 254, col. 1069.)

(2) III^a Conc. de Carthage (397), can. 19, Labbe, *Collectio conciliorum*, t. II. col. 1402.

(3) *Cum quisque ad monasterium convertitur.* (Aug., ep. 83, col. 292)

(4) *Admitti ad societatem fratrum.* (Aug., ep. 83, col. 292.)

pirants. Voici comment s'y prit l'évêque Faustus avec saint Fulgence. Le jeune homme lui demandait instamment de le recevoir en sa compagnie : « Pourquoi mentir ainsi, mon fils, et prendre plaisir à tromper les serviteurs de Dieu ? Serez-vous capable de mener la vie monastique et de changer votre ancienne manière de vivre au point de ne pas reculer devant une nourriture grossière et des vêtements sordides ? Commencez par être moins délicat ; alors peut-être je croirai que vous voulez véritablement renoncer au siècle et que vous pouvez le faire. » Cet accueil n'était rien moins qu'encourageant. Et il fallait une grande bonne volonté pour passer outre. Fulgence, au lieu de revenir en arrière, baisa humblement la main de celui qui le repoussait, puis il insista en disant : « Seigneur Père, Dieu, qui donne la grâce de vouloir à celui qui ne voulait pas, peut bien accorder la force à celui qui veut. Permettez-moi de marcher sur vos traces, ouvrez-moi la porte du monastère ; faites-moi l'un de vos disciples. Dieu saura me délivrer de mes péchés.» Le bienheureux vieillard se laissa fléchir et lui répondit : « Restez donc parmi nous, mon fils, puisque telle est votre volonté. Expérimentons durant quelques jours si vos actes correspondent à vos paroles. Plaise à Dieu que mes craintes soient vaines et que vous soyez fidèle à votre promesse (1). »

Saint Augustin et saint Alypius avaient résolu de n'admettre personne qui ne se fût au préalable débarrassé de tous ses biens (2). Ils croyaient qu'un homme

<hr>

(1) Vita S. Fulgentii, c. 4, col. 122.
(2) Aug., ep. 83, col. 292.

capable d'un pareil acte de générosité aurait généralement la grâce et la force de persévérer au milieu des sacrifices de la vie religieuse,

La profession était pour le religieux le commencement d'une existence nouvelle. Aussi, quels que fussent son âge ou son rang dans le siècle, il occupait partout la place qu'elle lui assignait (1).

(1) *Tempus inter se conversionis ordinemque servaret.* (Vita S. Fulgentii, c. 19, col. 137.)

IV

LES MOINES D'HADRUMÈTE ET D'UZALA

Discussions sur l'efficacité de la grâce. Visite à saint Augustin. Le droit de répression. La mort d'un saint à Uzala.

Hadrumète (aujourd'hui Soussa) était l'une des villes les plus importantes de l'Afrique romaine. Sa situation, son port et surtout la fertilité de son territoire, qui lui a valu le nom de *frugifera*, lui donnèrent, immédiatement après Carthage, le rang qu'Utique avait jadis occupé. Elle fut d'abord la seconde ville de la province en attendant de devenir la métropole de la Byzacène (1).

Nous y trouvons d'assez bonne heure un monastère qui a pu laisser un souvenir dans l'histoire de cette époque, grâce aux discussions sur la grâce qui s'élevèrent dans son sein et à l'ouvrage que saint Augustin publia pour les apaiser.

Un religieux d'Hadrumète, nommé Florus, qui

(1) Tissot, *Géographie comparée de la province romaine d'Afrique*, t. II, p. 159.

s'était rendu à Uzala, sa ville natale, eut occasion de lire dans le monastère de cette ville plusieurs écrits de saint Augustin qu'il ne connaissait pas, et, en par- ticulier, sa lettre au prêtre romain Xystus, où il le prémunit contre les arguments des pélagiens (1). Avec l'autorisation des moines d'Uzala, il s'empressa de la transcrire, sous la dictée de Félix, son compagnon de route. Il partit ensuite pour Carthage, pendant que son confrère reprenait le chemin d'Hadrumète, em- portant avec lui la lettre de l'évêque d'Hippone. Il la communiqua à plusieurs moines. Mais quelques-uns, jeunes encore, sans expérience et d'une instruction médiocre, lui donnèrent une interprétation fausse et firent soutenir au saint docteur le contraire de sa pen- sée. Ils n'étaient que cinq ; néanmoins leur obstina- tion à soutenir leur manière de voir suffit pour jeter le trouble dans la communauté. Tout cela se passait à l'insu de Valentin. Mais à son retour, Florus, s'étant rendu compte de l'état des esprits, s'empressa de le mettre au courant. Pour les calmer, Valentin écrivit à Evodius et lui demanda des explications sur le sens de cette lettre.

La réponse de l'évêque d'Uzala (2) ne parvint pas à satisfaire ces turbulents. Ils ne voyaient qu'un moyen de résoudre cette difficulté : c'était d'aller à saint Au- gustin lui-même. Valentin croyait que la chose ne valait pas la peine d'entreprendre un voyage aussi long. Il fit une nouvelle tentative pour les apaiser et

<hr>

(1) Aug., ep. 194. P. L., xxxii, 874-897.

(2) Dom Germain Morin, *Lettre inédite de l'évêque Evodius aux moines d'Hadrumète* (*Revue Bénédictine*, xiii, 1896, 482-486).

il pria Sabinus, prêtre de grande vertu et d'une doctrine très sûre, de leur fournir des éclaircissements dont ils avaient besoin. Ce fut encore inutile. Force fut donc de les laisser partir. Leur supérieur leur donna l'argent nécessaire, sans appuyer toutefois leur démarche par une lettre qui aurait pu faire croire à saint Augustin qu'il doutait de la pureté de son enseignement ou de l'authenticité d'une œuvre dont le style reflétait l'âme et en quelque sorte la présence même de son auteur (1).

Aussitôt après leur départ, le monastère recouvra son calme habituel. Cresconius et Félix arrivèrent les premiers. Un autre Félix, celui qui avait dicté la lettre à Florus, les rejoignit plus tard. Le saint docteur les accueillit avec sa charité ordinaire, bien qu'ils ne présentassent aucune lettre de recommandation (2). La sincérité de leur langage et leur tenue modeste lui ayant inspiré confiance, il écouta leurs plaintes et crut que le monastère d'Hadrumète était partagé en deux camps, que les uns exaltaient la grâce et son action dans l'âme au point de nier la liberté des actes humains et d'affirmer que, au dernier jour, nous ne serions point jugés selon le mérite de nos œuvres, tandis que les autres pensaient avec l'Eglise et avec Augustin que la grâce aide la liberté sans la détruire et que Dieu traitera les hommes suivant leurs mérites.

(1) *Ep. de Valentin à saint Augustin*, 216. P. L., xxxviii, col. 974-978.

(2) Les clercs ne voyageaient pas sans porter avec eux une lettre de recommandation de leur évêque (conc. de Milève, 416, can. 20, Labbe, t. III, c. 385. Conc. Marazanense, ibid., 463). Le même usage existait pour les moines.

La pureté de la foi, surtout dans le cœur des moines, l'intéressait trop pour qu'il ne cherchât pas à les éclairer. Il aurait voulu envoyer à Valentin une copie des documents qui concernaient le pélagianisme et son histoire. Mais Cresconius et Félix, qui désiraient célébrer la Pâque avec leurs frères, ne lui en laissèrent pas le temps. Il lui adressa donc une lettre qui lui donnait la véritable interprétation de son épître à Xystus (1).

Mais il réussit enfin à garder ses hôtes jusqu'après les solennités pascales. Son but était de les instruire plus à fond ; et peut-être aussi d'attendre l'arrivée de Félix, qui lui donnerait sans doute des renseignements plus précis et plus complets (2).

Pendant ce temps, il leur lut et commenta l'épître à Xystus, les lettres du concile de Carthage et de Numidie à Innocent, celle que lui écrivirent encore cinq évêques, la réponse du Pape, l'épître du concile d'Afrique à Zozyme, celle qu'il répondit à tous les évêques et les canons du concile plénier d'Afrique contre le pélagianisme. Il lut avec eux le traité de saint Cyprien sur l'Oraison dominicale, où est si nettement exposée la vérité catholique sur la grâce divine (3). Comme ce livre se trouvait déjà dans la bibliothèque d'Hadrumète, il lui suffit de mettre à leur disposition une copie des autres documents. Ce ne fut pas tout. Saint Augustin utilisa le temps que ces moines passèrent auprès de lui pour composer son traité *De la grâce et du libre arbitre*, qu'il adressa à

(1) Aug., ep. 214, col. 968-971.
(2) Cf. Tillemont, xiii, p. 835.
(3) Aug., ep. 215, col. 972.

« Valentin et à ceux qui servent Dieu ensemble dans
la congrégation du monastère d'Hadrumète (1) ».
Dans le but d'éviter toute fausse interprétation,
il tint à leur en donner lecture et à leur expliquer
les passages difficiles ou obscurs. Cresconius et
les deux Félix le portèrent à Valentin avec une
seconde lettre du charitable docteur (2). On devine
avec quelle reconnaissance et avec quel respect
il reçut le précieux envoi. Il s'empressa d'en faire par-
venir l'expression à Augustin et de lui envoyer par la
même occasion l'exposé fidèle de tout ce qui s'était
passé, afin de dissiper l'impression fâcheuse qu'auraient pu laisser dans son esprit les paroles de religieux impatients et troublés. Il lui donna encore l'assurance que jamais ni lui ni ses moines n'avaient eu
sur ce sujet d'autre foi que celle d'Augustin et de ses
écrits (3). Cette lettre fut probablement portée à Hippone par le moine Florus, que Cresconius et Félix
avaient représenté comme la cause principale de cette
agitation. Le saint, ne sachant trop à quoi s'en tenir,
ou peut-être craignant que sa foi ne fût pas très éclai-
rée, avait manifesté le désir de le voir : « Si j'ai le
droit de vous adresser une demande, laissez-moi vous
prier de m'envoyer Florus », avait-il écrit à Valentin (4). Impossible de s'exprimer en termes plus déli-
cats. Florus se rendit à cet appel, accompagné par
plusieurs de ses confrères. Il eut la joie d'annoncer

(1) P. L., xliv, col. 841-892.
(2) Aug., ep. 215, col. 971-974.
(3) Valentin, ep. *ad Augustinum*, 216. P. L., xxvii, col. 975-
78.
(4) Aug., ep. 215. Ibid., col. 974.

au saint docteur que désormais la paix régnait dans
les cœurs et dans les esprits et ils rendirent grâces
à Dieu, qui s'était servi de ces discussions pour
augmenter l'instruction religieuse de ses serviteurs (427) (1).

Ce ne fut point la seule difficulté que firent naître
parmi les moines les polémiques sur la grâce soule-
vées par le pélagianisme. Elles devinrent une véritable pierre d'achoppement pour beaucoup d'esprits.
A Hippone, par exemple, il se rencontra un frère qui
répondait imperturbablement à ceux qui blâmaient sa
mauvaise conduite et lui demandaient pourquoi il se
permettait des choses défendues et s'abstenait de ce
qui lui était prescrit : « Peu importe ce que je puis
être maintenant, je serai forcément ce que Dieu a
prévu. » Un homme va très loin quand il s'engage sur
cette pente, le malheureux en fit l'expérience. Il se
pervertit au point de renoncer à sa vocation et de revenir à son vomissement (2). On retrouvait un raison-
nement non moins absurde sur les lèvres de quelques
religieux d'Hadrumète : « Puisque Dieu accomplit en
nous la volonté du bien et la force de l'exécuter,
pourquoi nous ordonner de faire le bien et de fuir le
mal ? Pourquoi aussi ne pas se borner à nous com-
mander, donner des ordres et à prier Dieu de nous
les faire exécuter ? De quel droit nos supérieurs
viennent-ils nous reprendre et châtier nos désobéis-
sances, puisque la volonté et la force d'obéir ne

(1) Aug., *De correptione et gratia*, c. 1, P. L., xliv, 916-917.
(2) *Sed usque ad ea profecit in malum, ut deserta monasterii
societate fieret canis reversus ad suum vomitum.* (Aug., *De Bono
perseverantiæ*, c. 15. P. L., xlv, 1017).

viennent pas de nous (1). » Saint Augustin en fut in-
formé par Florus probablement (2). Le danger que de
pareilles maximes feraient courir aux communautés
religieuses, si elles venaient à se répandre, l'impres-
sionna vivement et, pour le conjurer, il leur opposa
les enseignements de la foi catholique et du simple
bon sens, dans son livre *De Correptione et gratia* (3).
L'homme a besoin, écrit-il, de la grâce pour pratiquer
le bien et éviter le mal. Mais s'il lui arrive de ne pas
correspondre à cette grâce, c'est uniquement sa faute,
il mérite donc le châtiment qui lui est infligé. « Le
supérieur te donne un ordre, ajoute-t-il, afin que
l'obéissance te mène à la charité ; il te corrige parce
que tu ne possèdes pas cette charité ; il prie pour
qu'elle abonde dans ton cœur. O homme, dans le
commandement, vois ce que tu dois posséder ; dans
la correction, reconnais que tu ne le possèdes pas par
ta faute ; dans la prière, apprends d'où tu peux obtenir
et ce que tu veux avoir (4). »

Laissons les moines d'Hadrumète méditer en paix
la doctrine de l'évêque d'Hippone pour prêter l'oreille
au récit de la mort d'un jeune religieux d'Uzala. C'est

(1) *Ergo, inquiunt, præcipiant tantummodo nobis quid facere
debeamus qui nobis præsunt ut faciamus, orent pro nobis, non autem nos corripiant et arguant, si non fecerimus.* (Aug., *De correptione et gratia.* c. 3, XLIV, 918.)

(2) Tillemont, XIII, 877. Le passage suivant de la lettre de Valentin pourrait bien avoir trait à cela : *Si quid autem famulus
tuæ sanctitatis frater suggesserit Florus, pro regula monasterii,
digneris, Pater, petimus, libenter accipere et per omnia nos in-
firmos instruere.* (Ep. 216. col. 378.)

(3) P. L., XLIV, 915-946.

(4) Aug., ibid., c. 3, col. 913-916.

Evodius lui-même qui la raconte à saint Augustin, son maître et son ami.

Tout jeune encore, presque un enfant, ce moine, fils du prêtre Armenus, courait après les joies et les espérances du monde, lorsque le Seigneur l'en détourna par le ministère d'Evodius et le fit s'enrôler parmi ses serviteurs (1). Il correspondit généreusement aux grâces divines et bientôt sa vivacité naturelle et son caractère turbulent firent place à une douce gravité. Ses vertus aimables lui conciliaient l'affection universelle.

Comme il était ardent au travail et qu'il écrivait fort bien, l'évêque le choisit pour son secrétaire. L'adolescent aimait passionnément l'étude. Son bonheur était de faire la lecture devant Evodius. Mais une fois la nuit arrivée, celui-ci, épuisé par l'âge et la fatigue, avait quelque peine à le suivre ; alors il l'invitait, avec une respectueuse liberté, à lui continuer son attention. Il poursuivait lui-même cette sainte occupation une partie de la nuit. Son intelligence altérée de lumière ne voulait rien laisser passer sans en pénétrer le sens. Il lui arrivait de revenir trois ou quatre fois sur des passages obscurs, jusqu'à ce qu'enfin ils n'eussent plus pour lui le moindre secret. Comment Evodius ne se serait-il pas attaché de tout son cœur à un pareil religieux ? C'était pour lui plus qu'un disciple, plus qu'un secrétaire, c'était un fils, c'était un intime ami

(1) Evodius ne l'appelle point moine. Mais saint Augustin lui donne le titre équivalent de serviteur de Dieu : *servi Dei et casti adolescentis*. (Ep. 159, col. 693.) Son monachat ressort de l'ensemble du récit de l'évêque d'Uzala.

dont l'agréable société et les conversations intéressantes lui devenaient comme nécessaires.

Mais il était déjà mûr pour le ciel. Il n'avait que vingt-deux ans et son âme soupirait ardemment après l'heure où la mort briserait les liens qui le retenaient loin du Christ. Le Seigneur entendit ses prières et lui envoya une maladie grave qui le saisit au sein de sa famille. Durant seize journées de souffrances, ce serviteur de Dieu, qui avait rempli sa mémoire et son cœur des saintes Ecritures, ne savait parler que de leurs divins enseignements. Quand le moment suprême fut arrivé, il se mit à chanter ce verset des psaumes : *Desiderat et properat anima mea ad atria Domini* (1), et puis cet autre : *Impinguasti in oleo caput meum et poculum tuum inebrians quam præclarum est* (2)!

Ces paroles inondaient son âme de consolations célestes. Enfin, pour mettre son passage à une vie meilleure sous le sceau de la croix, il porta au front sa main défaillante. Il la ramenait sur ses lèvres pour les marquer du même signe, lorsque la mort vint arrêter son pieux mouvement.

Cette fin précieuse ne pouvait attrister le cœur d'un évêque. Evodius savait que son fils avait quitté la terre sans avoir flétri le lis de sa virginité. Il était sûr de son salut éternel. Il se livra donc aux élans de la plus vive allégresse. Son disciple, lui semblait-il, ne l'avait pas quitté, il sentait plus que jamais sa douce présence ; son âme n'était sortie de son corps que

(1) Ps. LXXXIII, 3.
(2) Ps. XXII, 5.

pour entrer plus avant dans son cœur. On rendit à
son corps les devoirs de la sépulture avec tous les
honneurs mérités par tant de vertus. Trois jours
durant, clercs et fidèles chantèrent la louange du
Seigneur autour de son tombeau, puis l'évêque offrit
à son intention le sacrifice du Rédempteur.

Quantité de grâces extraordinaires vinrent former
autour de ce trépas une auréole céleste. Une veuve
très honorable aperçut, dans un songe mystérieux, un
diacre mort depuis quatre ans et qui s'occupait d'orner
un palais. Des serviteurs et des servantes lui prêtaient
leur concours. Telles étaient la beauté et la richesse
de ce palais qu'il semblait bâti en argent. Urbica,
c'était le nom de la veuve, ayant demandé à qui était
destinée cette demeure, il lui fut répondu : « Au fils
de prêtre qui est mort hier. » Il y avait dans le palais
un vieillard blanc comme la neige. Sur son ordre,
deux serviteurs allèrent chercher le corps. Puis il
poussa sur son tombeau, quand on l'en eut retiré, des
tiges de rosier qui se couvrirent de boutons. Quelques
jours plus tôt, l'un de ses amis et condisciples,
attaché jadis comme lui à la personne d'Évodius et
mort depuis huit mois, apparut à quelqu'un. Celui-ci
ayant demandé ce qu'il venait faire : « Je suis venu
chercher mon ami », répondit-il. De fait, il l'emmena
avec lui.

Quand il eut perdu son fils, le prêtre Armenus se
rendit au monastère avec le vénérable évêque Theasius,
dans l'espoir d'y trouver un soulagement à sa douleur.
Trois jours après, un religieux vit durant son sommeil
le défunt entrer, lui aussi, au monastère, et il lui demanda si Dieu l'avait admis en sa présence. Il lui ré-

pondit affirmativement. « Pourquoi donc êtes-vous
venu ici ? lui dit le frère. — Le Seigneur m'a envoyé
chercher mon père. » Après son réveil, il raconta la
vision qu'il avait eue. Mais Theasius le pria de garder
le silence, dans la crainte que ce récit n'affligeât
Armenus.

L'événement se chargea de prouver la vérité de
cette apparition. Au bout de quatre jours, le prêtre
fut atteint d'une fièvre qui n'inspirait aucune inquié-
tude. Le malade, néanmoins, se mit au lit, et presque
aussitôt son âme quitta son corps.

Le jour même de son décès, son fils semblait avoir
voulu le disposer à une fin prochaine. Il lui demanda
de l'embrasser à trois reprises différentes, et à chaque
fois il disait : « Père, rendons grâces à Dieu », en
l'invitant à prononcer lui-même ces paroles. Il l'exhortait de la sorte à quitter la vie avec lui. Par le fait, il
n'y eut que sept jours d'intervalle entre ces deux
morts (1).

Ces visions n'étaient pas des faits isolés dans les
monastères africains. Evodius écrit encore que les
frères Profuturus, Privatus et Servilius lui étaient
apparus après leur mort et lui avaient annoncé des
choses qui se réalisèrent dans la suite (2). Cela se
passa probablement à l'époque où il habitait le monastère d'Hippone. Dans une de ces visions, Servilius
l'entretint du bonheur de la vie éternelle et lui fit
mesurer la distance qui sépare l'état de l'homme sur
terre de celui des bienheureux : « Ici-bas, il faut aller

(1) Evodius, *Ep. ad Augustinum.* P. L., xxxiii, 693-698.
(2) Ibid., col. 697.

péniblement par le travail de la raison à la conquête
de la vérité, tandis qu'au ciel, l'âme se délecte sans
cesse dans la paisible contemplation de la vérité éternelle (1). »

Si l'Afrique avait eu un Grégoire le Grand pour
consigner dans d'immortels Dialogues le souvenir
des vertus que pratiquèrent ses moines et des grâces
que Dieu se plaisait à répandre sur eux, il est à croire
qu'il aurait transmis à la vénération des chrétiens des
noms vraiment dignes de figurer parmi ces saints
admirables que le monachisme enfantait alors en
Orient, en Italie, en Gaule, partout. Les traits que
nous a conservés l'évêque d'Uzala permettent de
penser que ces portraits ne le céderaient ni en grandeur, ni en piété, ni en poésie, à ceux qui se trouvent
dans les écrits de Cassien, de Pallade, de saint Jérôme
et de saint Grégoire de Tours.

(1) Evodius, *Ep. ad Augustinum*, P. L., xxxiii, col. 698. *Qui
dixit quod nos per rationem laboremus tendere ad intellectum, se
autem et tales in ipsa delectatione contemplationis manere.*

FIN DU PREMIER VOLUME

TABLE DES MATIÈRES

Saint-Amand (Cher.) Imprimerie BUSSIÈRE.

www.ingramcontent.com/pod-product-compliance
Lightning Source LLC
Chambersburg PA
CBHW051127050726
47594CB00003B/986